& aleas
DE
L'IDENTITÉ
ALSACIENNE

PUBLICATIONS RÉCENTES DU MÊME AUTEUR

La Foi vécue. Études d'histoire de la spiritualité, Strasbourg, 1997

Martin Luther. Un temps, une vie, un message, Genève, 1998[4] ; trad. portugaise *Martin Lutero, Tempo, Vida e Mensagem*, Sao Leopoldo, 1998

Martin Luther. La passion de Dieu, Paris, 1999 ; trad. italienne *Martin Lutero. La passione di Dio*, Rome, 2001

Dieu rit en Alsace. Histoires et anecdotes de l'Alsace profonde, Strasbourg, 2004

Creuser le sillon. Un théologien alsacien en son temps, Strasbourg, 2007

Identité confessionnelle et quête de l'unité. Catholiques et protestants face à l'exigence œcuménique, Lyon, 2007

Frédéric Horning, 1809-1882. Au cœur du Réveil luthérien dans l'Alsace du XIXe siècle, Neuwiller-lès-Saverne, 2009

Identität im Wandel : Die Elsässer, Stuttgart, 2010

EN COLLABORATION

(avec Matthieu Arnold), *Luther. Œuvres*, I, (Bibliothèque de la Pléiade 455), Paris, 1999

(avec Nicole Lemaître), *La théologie. Une anthologie*, t. III : *Renaissance et Réformes*, Paris, 2010

(avec Joseph Doré), *Deux chrétiens de France à Jérusalem,* Éditions des Pays Rhénans, 2010

PRÊTS POUR L'IMPRESSION

Le Jour vient. Prédications et méditations, à paraître en 2011, Olivétan, Lyon

(avec Matthieu Arnold) *Luther. Œuvres* II (Bibliothèque de la Pléiade)

www.nueebleue.com

Marc Lienhard

HISTOIRE
& aléas
DE
L'IDENTITÉ
ALSACIENNE

La Nuée Bleue

ISBN 978-2-7165-0784-4

À la mémoire d'Adrien Zeller
Pour tout ce que l'Alsace lui doit

AVANT-PROPOS

Cette Alsace que j'aime

Petite région enserrée entre le Rhin et les Vosges, à l'histoire si mouvementée ! Mes ancêtres y ont vécu tout au long des siècles. Du côté de mon père, ils vivaient depuis le XVIe siècle dans les petits villages proches du château de Lichtenberg, dans l'Alsace du nord. Du côté de ma mère, la généalogie remonte jusqu'au XIVe siècle, et on les trouve à Colmar jusqu'au XIXe siècle.

Pour ce qui me concerne, j'ai vécu la plupart du temps en Alsace, même si les études et le service militaire (Autun, l'Algérie) puis des temps d'enseignement à Paris, Berlin, Neuchâtel, Madagascar et au Cameroun et des congrès aux États-Unis m'ont fait connaître d'autres régions et d'autres pays.

Je suis né à Colmar. Les changements professionnels de mon père ont conduit ma famille successivement à Altkirch, Uckange, Strasbourg et Dettwiller. Nous sommes revenus à Strasbourg en 1948. J'ai effectué des études de théologie, d'histoire et de philosophie à Strasbourg, Montpellier et Bâle. De 1960 à 1968, j'ai été successivement pasteur en Algérie, à Bischheim et à Uhrwiller. Après un temps comme chargé de recherche au Centre d'études œcuméniques et une participation à la pastorale des foyers mixtes (catholiques-protestants), j'ai été nommé en 1973 à la Faculté de théologie protestante de l'Université de Strasbourg pour y enseigner l'histoire du christianisme moderne et contemporain. J'ai aussi enseigné pour un temps limité comme professeur invité dans plusieurs autres facultés et universités en France et à l'étranger. De 1997 à 2003, j'ai exercé les fonctions de président du Directoire de l'Église de la Confession d'Augsbourg d'Alsace et de Lorraine, de président du Chapitre Saint-Thomas et de président de la Conférence des Églises riveraines du Rhin.

L'histoire de l'Alsace m'est devenue familière de bien des manières. Dans mon enseignement de l'histoire et dans mes recherches, la région a, bien sûr, retenu mon attention, et pas seulement son histoire religieuse, objet principal de mon enseignement, mais plus largement les événements, les institutions, les mentalités, les grandes figures qui jalonnent et expriment le devenir de cette terre et de ses habitants.

Les années vécues à la campagne comme enfant puis comme pasteur, mais aussi mes visites sur le terrain, m'ont fait aimer aussi la campagne alsacienne et m'ont familiarisé avec ses mentalités.

J'ai perçu également l'histoire de l'Alsace à travers celle de mes ancêtres. Jusqu'au XIXe siècle, les Lienhard sont des paysans. Ils exercent aussi le métier de maréchal-ferrant. Il y eut ensuite un instituteur, puis un pasteur. Du côté maternel, ils furent des tanneurs avant l'apparition d'un pasteur à la fin du XIXe siècle. Les guerres ne les ont pas épargnés. Un ancêtre est mort à Wagram en 1809. Ensuite, plusieurs de mes grands-oncles et un oncle seront victimes de la Première Guerre mondiale.

Comme c'est souvent le cas en Alsace, les opinions et les choix politiques furent divers. Un arrière-grand-père, ardent patriote, rejoignit l'armée française à Villefranche en 1870. Il vécut un certain temps en « vieille France » avant de revenir à Colmar. Cette attitude s'est transmise à son fils, mon grand-père. Très francophile au départ, celui-ci s'oppose, comme Hansi, son contemporain, qu'il a connu à Colmar, à certains de ses professeurs d'origine allemande, qu'il qualifie de *Schwowe* (Boches). Mais le contact avec les enseignants allemands de l'Université de Strasbourg et surtout un séjour à Berlin changèrent son orientation politique. Il se mit à aimer l'Allemagne, au point qu'en 1918 il faillit être expulsé d'Alsace. Par la suite, il changea encore et retrouva ses sympathies françaises.

Du côté des Lienhard, l'insertion dans le pays de Hanau-Lichtenberg semble les avoir ouverts plus facilement à l'Allemagne. Ce n'était pas si facile pour mon arrière-grand-père : devenu instituteur, il enseigna le français avec plaisir, compétence et efficacité jusqu'en 1870, mais il n'eut pas trop de difficulté, semble-t-il, à enseigner l'allemand par la suite et à transmettre la culture allemande, y compris à ses enfants. Le plus connu d'entre ces derniers est le poète et écrivain Frédéric Lienhard (1865-1929), qui allait se tourner de propos délibéré vers l'Allemagne. Tout en prônant, dans ses poèmes notamment, le retour au terroir en lien avec le mouvement de la *Heimatkunst* (« littérature du terroir »), il voulait promouvoir un idéalisme de type métaphysique, cherchant à concilier la tradition grecque, l'idéalisme allemand et le christianisme, voire l'ésotérisme. Déçu des réticences des Alsaciens vis-à-vis des Allemands après 1870, il alterna les séjours entre l'Alsace et la Thuringe. Il n'est plus revenu en Alsace après 1918. Mes ascendants immédiats et ma famille sont restés ouverts à la culture allemande comme à la culture française. Aucun ne s'est impliqué activement dans les orientations et les agissements du nazisme.

Mon histoire personnelle rejoint et reflète l'histoire de l'Alsace depuis la Seconde Guerre mondiale. Cette guerre, je l'ai vécue de bien des manières, à travers l'évacuation, pendant un an, dans le sud-ouest de la France, les bombardements de la ville de Strasbourg, puis les opérations militaires liées à la Libération, mais aussi à travers les conversations et les options divergentes des uns et des autres dans mon entourage immédiat. Trop jeune pour être acteur, ou être enrôlé de force, je garde le souvenir des inquiétudes, des souffrances, des illusions aussi ou des compromissions des uns, mais aussi du courage, de la droiture, voire de la résistance des autres. Les années d'après guerre sont très présentes dans ma mémoire : après l'épuration, il fallut réconcilier, panser les plaies, reconstruire.

Qu'en fut-il et qu'en est-il de la culture littéraire et de la pratique linguistique ? Aussi bien mes ancêtres d'Alsace du nord que ceux de Colmar étaient attachés à la culture allemande et parlaient en général le dialecte. Cela n'impliquait pas une distanciation par rapport à la France. Certains étaient très patriotes, d'autres l'étaient moins.

Mes parents utilisaient le dialecte en famille, même si, dans le journal qu'elle tenait à certains moments, ma mère s'exprimait aussi, avant 1940, en français. Après l'annexion allemande, j'ai fréquenté, de 1941 à 1945, l'école élémentaire allemande. Au début, ce n'était pas évident. En effet, revenu d'évacuation en 1940, je ne parlais plus que le français, y compris dans le tram à Strasbourg, ce qui posa problème. J'ai réappris le dialecte, puis l'allemand. J'aimais beaucoup lire et je me suis plongé dans les ouvrages de la bibliothèque paroissiale d'un village, qui étaient quasiment tous en allemand. J'ai aussi lu avec intérêt la Bible. En 1945, j'ai dû réapprendre le français à l'école puis au collège. Au début, cela n'allait pas sans peine. Mais, à la fin de l'année, j'avais retrouvé l'usage du français, même si des progrès restaient à faire.

Par la suite, les études et le service militaire m'ont immergé davantage dans le monde francophone. À la maison, nous avons continué à parler le dialecte. Celui-ci était aussi pratiqué au Gymnase de Strasbourg, surtout par les garçons d'ailleurs, pendant les récréations, et dans les colonies de vacances que j'ai fréquentées. La langue allemande était présente au Gymnase : nos professeurs nous ont fait apprendre par cœur bien des poésies allemandes. En terminale, le *Faust* de Goethe était au programme.

Dans les années 1960, quand je suis devenu pasteur dans le nord de l'Alsace, les cultes se faisaient presque uniquement en allemand, au point que j'ai suscité quelque étonnement quand j'ai introduit de temps à autre une célébration en français.

Il est évident que les choses ont changé au cours des cinquante dernières années. Si nos quatre fils s'expriment sans difficulté dans les deux langues, au point que l'un enseigne aujourd'hui à Heidelberg, la transmission du dialecte, voire de l'allemand, aux petits-enfants ne va plus de soi, d'autant plus que trois sur quatre n'habitent plus la région.

Pour ce qui me concerne, je suis heureux d'avoir eu accès aux deux cultures et aux deux langues. Je peux m'exprimer aussi bien en français qu'en allemand, lors de cultes ou de conférences. Et j'ai publié des articles et des livres dans les deux langues. Je continue de pratiquer le dialecte avec plaisir, même si ma langue est un mélange d'alsacien strasbourgeois et d'alsacien d'Alsace du nord. Deux fois par an, je célèbre des cultes en dialecte. Et après ma retraite, je n'ai pas résisté à l'envie de participer à des représentations théâtrales en dialecte. Nous avons en particulier représenté *L'Avare* de Molière traduit en alsacien.

Pour ce qui est de la religion, j'étais inséré de par mes origines, mais aussi grâce à mon ministère pastoral, dans la tradition protestante qui a, comme on sait, marqué l'histoire de l'Alsace plus que cela ne fut le cas pour d'autres régions de France, et fait émerger quelques grandes figures comme Jean-Frédéric Oberlin et Albert Schweitzer. Je connais de l'intérieur les forces de cette tradition, mais aussi ses faiblesses. Sous l'influence d'une mère très religieuse, la pratique allait de soi dans notre famille. Cela allait de la prière à table aux cultes et aux autres activités proposées par l'Église.

J'ai eu bien des occasions de vivre la diversité du protestantisme, la tradition réformée à côté de celle du luthéranisme dont je suis issu, mais aussi des relations suivies avec les mennonites présents en Alsace depuis le XVIe siècle. Je connais l'Église catholique depuis ma jeunesse, quand j'étais assis, au culte dans une église simultanée, aux pieds de la Vierge Marie et des saints et que j'y humais les effluves de l'encens. Après 1965 j'ai été témoin, et aussi acteur, d'un œcuménisme qui permit de surmonter peu à peu les tensions interconfessionnelles de jadis. À travers bien des rencontres, mais aussi par le biais de mon enseignement, le judaïsme m'est devenu proche. Depuis mon service militaire jusqu'à ma fonction dans la direction de l'Église luthérienne, j'ai eu maintes occasions de fréquenter des musulmans, dont le nombre s'est considérablement accru en Alsace ces dernières décennies.

Mais l'Alsace n'est pas seulement religieuse. J'ai des amis et des membres de ma famille agnostiques. À l'armée comme à l'université, j'ai rencontré bien des Alsaciens attachés à la région, à son histoire et à ses particularités, mais détachés des Églises. Plus que par le passé, nous vivons aujourd'hui, y compris en Alsace, dans une société multiculturelle, qui est un appel au respect mutuel. J'ai pleinement conscience du fait que, avec quelque retard par rapport à d'autres régions françaises, la sécularisation, c'est-à-dire le détachement de nombreuses personnes par rapport à l'institution ecclésiale et à la pratique religieuse, a atteint l'Alsace. Les chiffres de fréquentation des offices religieux ou de l'enseignement religieux à l'école l'attestent de manière éloquente. On parle d'une « appartenance non pratiquante ».

Cela n'exclut pas que bien des comportements restent marqués en Alsace par l'origine religieuse. Par ailleurs, le particularisme alsacien se manifeste non seulement par le statut des cultes reconnus, mais aussi par le regard plutôt positif jeté par les Alsaciens sur ce statut. On peut penser, certes, que, pour beaucoup d'Alsaciens, la religion et les institutions religieuses relèvent du patrimoine plutôt que de l'existentiel, même si bien des hommes et des femmes peu pratiquants sont croyants à leur manière ou ouverts à des questions de spiritualité.

Que conclure ? Même si des points de vue personnels affleurent dans le présent ouvrage, je me suis efforcé de mettre en œuvre une démarche historique et psychosociologique, afin de saisir le mieux possible le devenir de cette région au cours des siècles et de cerner l'identité ou les identités dans l'Alsace d'aujourd'hui.

Par ailleurs, si profond que soit mon attachement à cette région, j'ai voulu résister à l'idéalisation et à la sacralisation. L'idéalisation indue serait de magnifier les Alsaciens. En fait, si les habitants de cette région ont des qualités, ils ont aussi des défauts, qu'il n'est pas utile de détailler ici. En temps de crise, ils furent loin d'être tous des héros ou des saints. S'ils furent souvent des victimes, beaucoup furent aussi des victimes consentantes. Et trop souvent l'horizon de leurs vies et de leurs points de vue se limitait au petit espace entre le Rhin et les Vosges.

L'Alsace a souvent été célébrée par les poètes, les chansonniers et les écrivains. On pourrait même parler de sacralisation tant les passions se sont déchaînées à ce sujet. C'est ici que le croyant que je suis est appelé à intervenir, voire à protester. Pour lui, Dieu seul est sacré. Certes, le croyant ne se désintéresse pas de cette réalité humaine qu'est la région. C'est assurément un cadre de vie important, c'est un ensemble de réalités permettant de vivre ensemble et susceptible d'être aimé, comme tout ce qui est humain. Mais, comme telle, l'Alsace n'est pas le royaume de Dieu. La petite patrie, comme la grande d'ailleurs, passe, et elle change. Cela vaut aussi pour la langue, en particulier le dialecte. Nous dirons au cours de cet ouvrage les raisons qui plaident pour sa préservation. Je suis de ceux qui l'aiment, mais je n'entends pas le sacraliser. Le cadre de vie qu'est l'Alsace et ses langues m'aident à vivre, ils ne m'aident pas à souffrir ni à mourir. On peut aimer l'Alsace, mais la foi n'a que Dieu pour objet. On peut admettre que Babel et la multiplication des langues trouveront une fin dans la Jérusalem céleste. En attendant, nous avons des raisons pour aimer la langue que notre mère nous a apprise, sans la sacraliser pour autant.

M.L.

INTRODUCTION

Questions d'identité

De bien des manières, la question de l'identité des peuples et des individus retient l'attention aujourd'hui. La vogue de la quête identitaire tient sans doute, du moins en partie, à la déstabilisation des individus et des sociétés, si typique pour notre époque. Face au maelström de la mondialisation, mais aussi face à l'uniformisation à l'intérieur des pays et des cultures, nombreux sont les individus ou les groupes sociaux à s'interroger sur ce qu'ils ont de particulier ou ce qu'ils voudraient être.

Par ailleurs, dans un espace donné, les individus comme les groupes ressentent le besoin de s'identifier face à des autorités politiques, ou face à des défis sociaux et culturels. Ils veulent informer les autres, fonder des revendications politiques et culturelles et justifier des choix touchant aux institutions ou aux modes de vie.

Mais définir, ou préciser une identité n'est pas simple. En effet, celle-ci ne concerne pas des objets inanimés à propos desquels les savants arrivent, en général, à s'accorder, mais des êtres humains, c'est-à-dire des sujets qui ont une certaine conscience d'eux-mêmes, qui réagissent aux phénomènes extérieurs et font des choix, qui peuvent différer selon les individus ou selon les époques. Ils ont des projets et prennent des décisions. Ils s'orientent selon des référents identitaires, qui sont eux-mêmes plus ou moins soumis au changement.

Nous sommes toujours tentés de définir l'identité comme un ensemble de caractéristiques quasi immuables, comparables aux réalités physiques. Mais la complexité du réel humain devrait nous l'interdire. Cela vaut aussi pour l'Alsace et pour les Alsaciens. Il n'y a pas d'Alsacien éternel qui serait toujours le même à travers l'histoire. Ceux qui ont quitté la région en 1870, en 1918 ou en 1945 ne l'ont pas toujours compris. Ils furent tentés de figer l'image d'une Alsace immuable qu'ils conservaient dans leur cœur. Quelle déception quand la réalité ne correspondait pas à celle de l'image !

En fait, même s'il y a des constantes comme le rapport à la région, à sa géographie et à son histoire, les contextes sociaux, politiques et culturels n'ont cessé de changer, ce qui affectait aussi l'identité. Il suffit pour s'en convaincre de comparer la situation culturelle et sociale de l'Alsace en 1945 et celle d'aujourd'hui ! Les changements n'ont pas manqué d'affecter le lien à des référents identitaires tels que la langue ou la religion.

À y regarder de près, l'identité se présente d'une double manière. C'est d'une part l'image que les autres se font d'un individu ou d'un groupe. C'est l'identité attribuée. Elle est le fait d'observateurs étrangers ayant séjourné un certain temps dans la région ou encore d'historiens ou de sociologues désireux de construire, sur la base d'un certain nombre de référents, une image qu'ils jugent « objective » de la région et de ses habitants. L'identité attribuée, c'est aussi l'image que se font les autorités, en fonction, souvent, d'intérêts politiques. Elle ne concorde pas toujours avec l'image que se font les intéressés eux-mêmes. Au cours de l'histoire, on a souvent voulu imposer aux Alsaciens une certaine identité. Les chapitres II et III de l'ouvrage seront consacrés à cette identité attribuée. D'autres chapitres du livre évoqueront la manière dont les Alsaciens s'y sont conformés ou y ont résisté.

Mais l'identité n'est pas seulement attribuée, elle est aussi vécue ou postulée par les intéressés. C'est le regard que les Alsaciens portent sur eux-mêmes, sur leur histoire et sur leur vécu ; c'est leur manière de vivre et d'agir. Ce sont aussi leurs projets. L'identité ainsi comprise se perçoit à travers un certain nombre d'enquêtes dont nous ferons usage, mais aussi à travers des attitudes et des comportements autres que des discours et des choix conscients. Il en sera question tout au long de l'ouvrage. C'est ici qu'il faut aussi faire place à l'autre. Les Alsaciens ont conscience de leur identité dans la rencontre avec les autres, avec leurs compatriotes français, mais aussi avec leurs voisins d'outre-Rhin. Nous l'évoquerons en particulier dans le chapitre XI qui traite de l'identité et de l'altérité.

Pour tenter de définir dans sa diversité comme dans ses traits communs l'identité, ou mieux, les identités des Alsaciens, nous recourrons à un ensemble de référents, communément retenus dans le champ des sciences sociales.[1] Nous évoquerons pour commencer, et en y revenant tout au long de l'ouvrage, l'histoire et la géographie de la région, un espace relativement petit, situé aux confins d'un pays, une région frontalière disputée pendant des siècles par la France et l'Allemagne. Occulter ce fait serait un obstacle majeur à la compréhension de la région et de ses habitants. Il sera question aussi de la démographie, non seulement du chiffre brut du nombre d'habitants, mais aussi du phénomène multiforme de l'émigration et de l'immigration, phénomène qui a touché cette région plus que d'autres régions de France, et qui n'a pas manqué de marquer d'une manière ou d'une autre ses habitants.

Nous donnerons toute leur place aux référents culturels. Inévitablement, il sera donc question de la langue, plus précisément des langues dans l'Alsace d'aujourd'hui. Le chapitre VI y est consacré, mais le sujet sera abordé dans plusieurs autres chapitres. Nous traiterons aussi de la religion, dans sa diversité bien sûr, mais plus encore de la place qu'elle occupe, au niveau institutionnel comme au niveau du vécu, dans la conscience des Alsaciens. Plus généralement il sera question des référents psychosociaux, c'est-à-dire des valeurs et des modes de vie.

L'évocation sommaire des divers référents identitaires auxquels nous ferons appel montre que ces référents sont de nature très diverse. Les uns, comme l'histoire et la géographie, ont un caractère plus objectif. Même s'ils n'échappent pas au conflit des interprétations, comme le montre le débat sur les origines, traité dans le chapitre III, des faits « têtus » se dégagent. Mais l'identité ne se réduit pas à ces faits ; elle s'énonce dans les réactions des hommes et des groupes à ces faits, d'où le chapitre sur les Alsaciens et leur histoire.

La diversité des référents culturels et la manière de s'y référer conduit inévitablement à évoquer la pluralité des identités à l'intérieur même de la région, voire en chaque individu. Aussi bien la référence à l'histoire que l'attitude face au bilinguisme ou encore à l'égard de la religion sont loin d'être uniformes et conduisent à des identités diverses. Et, même s'il y a des identités groupales dont les membres s'accordent sur les référents culturels, la part croissante des choix individuels et la mobilité des personnes nous empêchent de figer l'identité collective.

Le recours à divers référents identitaires fait naître ou conforte chez les individus comme chez les groupes un sentiment d'identité.[2] Nous chercherons à cerner le sentiment d'identité des Alsaciens. Il sera question des éléments «matériels qui constituent l'ancrage de l'existence objective du groupe ou de la culture»[3]. Il s'agit en particulier de la connaissance du territoire et du patrimoine historique et culturel, mais aussi de la connaissance des autres Alsaciens, des contemporains et des hommes du passé, célèbres ou pas. Nous évoquerons la conscience des Alsaciens d'aujourd'hui d'appartenir à une culture une ou plurielle et à une société ayant ses traditions et ses règles.

Nous aborderons le sentiment de continuité temporelle qui «demeure tant que le sujet (individu ou groupe) parvient à donner aux changements et aux altérations le sens de la continuité. L'identité collective de groupes larges peut prendre naissance lorsque les membres du groupe prennent connaissance de leur histoire collective. La publication et la lecture des récits des événements passés communs déclenchent alors une série d'activités d'expression et de renforcement de l'identité: création de "mouvements" ou d'associations; rassemblements, réunions et congrès; publications diverses.»[4] Nous verrons combien cet effort d'enracinement dans l'histoire est perceptible dans l'Alsace d'aujourd'hui. Nous prêterons attention, notamment au chapitre XI, au sentiment de différence qui traduit la distance prise par bien des Alsaciens par rapport à des populations ou des autorités extérieures à la province, ou par rapport à d'autres groupes présents dans la région. Nous évoquerons aussi la manière dont les Alsaciens ont cherché et cherchent encore à se faire valoir devant les autres et à être bien considérés. L'identité des Alsaciens s'est toujours inscrite dans la tension entre une assimilation à l'identité collective d'un pays comme la France ou l'Allemagne et l'affirmation d'une autonomie dans la démarche et dans la compréhension de soi. Nous y rendrons attentif à plusieurs reprises. En fin de compte, le sentiment d'identité est chez les Alsaciens comme dans d'autres sociétés humaines une manière d'être, de donner sens à la vie, de poursuivre certains objectifs, de mettre en œuvre des convictions. Nous en présenterons les diverses facettes.

Notre exposé serait incomplet s'il ne faisait pas place aux aliénations de l'identité alsacienne au cours de l'histoire. Comme ailleurs, cette aliénation résultait des pressions exercées par un groupe dominant sur les populations de la région. Cette aliénation a pris bien des formes : politiques, religieuses, culturelles. Une certaine identité linguistique ou politique fut souvent proposée comme idéale et imposée comme telle. L'Alsace est un terrain tout trouvé pour ceux qui voudraient étudier le phénomène de l'acculturation. Les effets de l'aliénation identitaire, au moins pour une ou deux générations, seront évoqués en particulier au chapitre IV. Elle n'a pas manqué de susciter des troubles identitaires. Ceux-ci se produisaient quand l'image qu'ils avaient d'eux-mêmes et de leur histoire était niée ou dévalorisée, et que leur culture traditionnelle et leur pratique linguistique étaient remises en question. Il ne faut, certes, pas grossir le phénomène, il ne faut pas non plus l'occulter, même si, là encore, le constat s'applique inégalement aux diverses composantes de la société alsacienne.

Pour l'essentiel nous avons traité de l'Alsace et des Alsaciens, sans nous interdire pour autant quelques regards sur la Moselle qui partage bien des caractéristiques avec l'Alsace.

Faut-il même le préciser ? Ce livre n'est qu'un essai, une sorte de flash sur l'identité ou les identités alsaciennes dans leur situation actuelle. Nous essayerons de faire justice à la complexité et aux aléas de ces identités, dans l'histoire et dans l'aujourd'hui, en proposant dans le dernier chapitre quelques perspectives et des engagements souhaitables et possibles. Cet essai aurait atteint son but s'il contribuait à une prise de conscience des uns et des autres et à féconder aussi bien la discussion que des actions concrètes.

CHAPITRE I

À travers les siècles : repères historiques et démographiques

Celtes, Romains et Germains en Alsace

L'Alsace a été habitée très tôt par les hommes. Des populations agricoles et pastorales venues des régions du Danube s'y fixent vers 5800 avant Jésus Christ. Il s'agit des premières civilisations néolithiques.[5] De nouvelles civilisations apparaissent à l'âge du bronze entre 2300 et 1330 avant Jésus Christ. Le temps du bronze moyen (1500 à 1300) apporte à la région un essor économique et démographique considérable. L'Alsace s'intègre dans un vaste ensemble qui va des Carpates aux Vosges et que dominent les peuplades protoceltiques.[6] Des conquérants de race celtique ou illyrique déferlent par vagues successives en direction de la Gaule. Un certain nombre d'entre eux colonisent ce qui est le Bas-Rhin actuel.

Les mouvements migratoires se poursuivent à l'âge du fer. Aux environs de 300 arrivent les derniers Celtes. Ils s'établissent sur l'ensemble de la plaine, aux dépens des autochtones implantés antérieurement. Répartis en Séquanes en Haute Alsace, en Rauraques, originaires de la Ruhr et associés aux Helvètes, proches de la Suisse occidentale et en Médiomatriques en Basse Alsace, ils subiront, au Ier siècle, les assauts des Germains et verront arriver les Romains.

En l'an 61 avant Jésus Christ, Arioviste et les Alamans vainquirent la tribu celtique des Éduens. Mais trois ans plus tard, ils furent eux-mêmes défaits par César, et la majorité d'entre eux repoussée au-delà du Rhin. Une question controversée est de savoir si les Triboques, établis dans le nord de l'Alsace, et qui d'ailleurs y sont restés après la défaite d'Arioviste, étaient des Germains, comme l'affirme César, ou des Celtes, ou des Germains assimilés par les Celtes.[7] Jusqu'au Ve siècle de notre ère, les Romains sont les maîtres du pays et une culture gallo-romaine s'y développe.[8]

Les Alamans arrivèrent définitivement au Ve siècle. Ils se mélangèrent aux Celtes et aux Romains qui étaient restés, ou ils les repoussèrent. Outre les Alamans, il y eut les Francs, qui s'établirent dans ce qu'on appellera l'Alsace Bossue et la région de Wissembourg. Ils vainquirent les Alamans en l'an 496. Mais la grande majorité des Francs se déplaça vers l'ouest.

En Alsace, les Alamans et les Francs conservèrent leur langue germanique, qui est utilisée des Vosges à la Bavière, et en Suisse alémanique. Contrairement à ce qui se passa de l'autre côté des Vosges, où les Francs passèrent peu à peu au roman, la langue des Alamans et des Francs s'imposa. C'est ce qui donna lieu au *Oberdeutsch* (Suisse, Alsace, pays de Bade, Souabe) sous ses diverses formes.[9] À l'ouest, une frontière linguistique se constitua. Dans la haute vallée de la Bruche et dans les vallées vosgiennes d'Orbey et de Labaroche, le roman persista.

Aspects politiques et culturels en Alsace du Moyen Âge au XVIe siècle

Le concept d'« Alsace » apparaît au VIIe siècle après Jésus Christ. Jusqu'au IXe siècle, l'Alsace fit partie d'abord du royaume franc, puis de l'empire carolingien. Charlemagne, et plus encore son fils Louis le Pieux, sont venus plusieurs fois passer quelque temps en Alsace. Dès avant la mort de ce dernier, l'empire fut partagé entre ses trois fils. Charles et Louis s'allièrent contre leur frère aîné Lothaire, qu'ils vainquirent en 841. C'est à Strasbourg qu'ils scellèrent en 842 leur alliance par un serment rédigé en vieil allemand et en vieux roman. Le traité de Verdun de 843 confirma la division de l'empire carolingien en trois entités. L'Alsace fut intégrée au royaume situé au centre, la Lotharingie. Mais ce royaume central n'était pas appelé à durer. L'Alsace, en particulier, était convoitée aussi bien par le royaume occidental que par le royaume oriental. En 870, par le traité de Meersen, elle fut attribuée à Louis le Germanique et donc intégrée à l'espace germanique. C'est en 962 que fut fondé le Saint Empire romain germanique, auquel l'Alsace appartint jusqu'en 1648. Si les rois francs avaient fondé, ou toléré une espèce de duché d'Alsace, l'Alsace ne fut pas pour autant une réelle entité politique, mais plutôt une mosaïque de territoires. Les plus importants se formèrent au Moyen Âge : les territoires des Habsbourg (le Sundgau et le baillage de Haguenau), ceux de l'évêque de Strasbourg, ceux des comtes de Hanau-Lichtenberg (136 villages), les villes telles que Strasbourg (22.000 habitants) et les dix villes libres unies dans la Décapole, à savoir Wissembourg, Haguenau, Rosheim, Obernai, Sélestat, Turckheim, Kaysersberg, Colmar, Munster et Mulhouse.[10]

Pour ce qui est de la culture,[11] rappelons l'activité des monastères : Otfried de Wissembourg, auteur d'une synopse des Évangiles, fut, au IXe siècle, l'un des premiers écrivains utilisant la langue germanique ; Herrade de Landsberg élabora le *Hortus Deliciarum* au XIIe siècle. À côté de cela émerge une culture de cour, avec le trouvère Reinmar à Haguenau, Gottfried de Strasbourg († 1210) et d'autres. À partir du XIIIe siècle, se développa une culture urbaine. Les ordres mendiants exercèrent leur activité dans les villes. La « mystique rhénane » s'épanouit à Strasbourg au XIVe siècle.[12] À partir du XVe siècle, l'imprimerie nouvellement inventée et l'humanisme rhénan exercèrent une influence décisive.[13] Le XVIe siècle devint « l'âge d'or » alsacien, avec des artistes comme Baldung Grien, des humanistes tels Sébastien Brant, Beatus Rhenanus, Jakob Wimpheling et Thomas Murner, des théologiens tel Martin Bucer,[14] et les fondations d'écoles (la Haute École à Strasbourg en 1538).[15]

Chrétiens et juifs, catholiques et protestants

En dehors du christianisme qui s'était répandu au Moyen Âge grâce aux grands monastères, Wissembourg, Marmoutier, Hohenburg et Murbach, et grâce aux villes, il ne faut pas omettre de signaler la présence durable des juifs[16]. Il est vrai qu'en Alsace aussi, ils furent opprimés. En 1349, deux mille juifs furent livrés aux flammes à Strasbourg. Mais dans les villages et dans certaines petites villes ils purent se maintenir jusqu'à leur émancipation, dans la mouvance de la Révolution française.

Au XVIe siècle, la chrétienté se divisa en Alsace comme dans beaucoup de pays d'Europe.[17] Les traités de Luther et le message réformateur rencontrèrent de nombreux adeptes, entre autres à Strasbourg,[18] par l'intermédiaire de Bucer, de

Capiton et d'autres, et le mouvement déboucha sur l'édification d'Églises évangéliques, soutenues par les autorités civiles.[19] À la fin du XVIe siècle, un tiers de l'Alsace était devenu protestant. Par la suite, cette proportion diminua pour diverses raisons. Aujourd'hui, environ un Alsacien sur sept est protestant.

Rappelons l'arrivée à Strasbourg, au XVIe siècle, de réfugiés originaires du Royaume de France ou d'autres pays tels que les Pays-Bas et l'Angleterre,[20] même si tous ne s'établirent pas définitivement en Alsace. Des Huguenots originaires de France fondèrent au XVIe siècle en Alsace « bossue » les sept villages « welches ».[21]

Certains immigrants sont venus des régions environnantes. C'est le cas en particulier de la famille des Dietrich qui, originaires de Saint-Nicolas-du-Port en Lorraine, s'appelaient à l'origine Didier.

Les XVIIe et XVIIIe siècles

Les milieux académiques s'ouvrirent à la culture et à la langue françaises. Les personnes cultivées entreprenaient une fois dans leur vie au moins un voyage en France. Ce voyage pouvait se préparer à Strasbourg. À partir de 1604, l'apprentissage de la langue française faisait partie du cursus officiel du Gymnase. Cependant, le gros de la population strasbourgeoise ainsi que la population rurale continuèrent de pratiquer le dialecte et la langue allemande.

La guerre de Trente Ans[22] fit des ravages terribles en Alsace. Certains villages furent totalement détruits, la population diminua presque de moitié. Pour permettre la reconstruction, on fit appel entre autres à des Suisses et des Souabes, quelque trois mille dans le Hanau-Lichtenberg. La culture et les écoles furent grièvement atteintes. Sur le plan politique, les territoires et les villes furent progressivement intégrés au Royaume de France, en dernier lieu Mulhouse en 1798. La province retrouvait ainsi son unité, perdue depuis le VIIIe siècle. À la différence du reste de la France, les protestants, sur la base du traité de Westphalie, ne furent pas convertis de force, bien qu'ils eussent à subir toutes sortes de pressions.

Le rayonnement de l'Université de Strasbourg se poursuivit grâce à l'activité de quelques enseignants hors du commun. Cependant, au XVIIe siècle, on ne peut nier une certaine stagnation. Au XVIIIe siècle[23], en revanche, nous assistons non seulement à l'apparition de grands travaux historiques avec Schoepflin, mais encore à l'éclosion de bibliothèques publiques, à l'essor de la pédagogie (Jean-Frédéric Oberlin), du théâtre et de l'opéra, de l'architecture (construction du palais Rohan). Les modes françaises furent adoptées. La langue française devint celle de l'administration ainsi que des élites, même si la grande majorité de la population continua à utiliser le dialecte et l'allemand écrit. La paix observée au XVIIIe siècle rendit possible le doublement de la population.

La Révolution française et le XIXe siècle jusqu'en 1870

La Révolution française[24] reçut tout d'abord un accueil enthousiaste : dorénavant, disait en 1789 le Colmarien Reubel, il s'agissait de « se fondre plus intimement dans la France ; ce nom (le Français) est le plus beau qu'on pourra porter désormais ». Cependant, les anciennes villes d'Empire souhaitaient la confirmation, voire un accroissement de leurs privilèges patentés. Le clergé protestant se montrait en général particulièrement ouvert aux idées de la Révolution. Du côté catholique, 9 % seulement des prêtres dans le Bas-Rhin, mais 27 % dans le Haut-Rhin prononcèrent le serment républicain. Beaucoup de prêtres connurent la prison, les biens de l'Église catholique furent sécularisés et vendus. La radicalisation de la Révolution, qui s'opposa aussi à la langue allemande, entraîna la résistance de larges couches de la population. Dans l'ensemble pourtant, l'expérience de la liberté, qui allait de pair avec la Révolution, a marqué durablement la mentalité alsacienne. Et l'ère napoléonienne, elle aussi, l'a marquée : de nombreux généraux d'Empire étaient originaires d'Alsace et certaines directives innovantes firent que l'Alsace s'adonna à une sorte de culte de l'empereur. En particulier le Concordat de 1801 et les Articles Organiques de 1802 contribuèrent à pacifier la vie des Églises en Alsace après les troubles de la Révolution, et à attacher les Alsaciens à la France.

Entre 1815 et 1870, l'Alsace connaît une forte poussée industrielle, en particulier à Mulhouse. Le XIXe siècle voit le surgissement d'une large offre littéraire,[25] où la langue française trouve sa place. Mais l'allemand est toujours utilisé. Cent trente écrivains, dont trente pasteurs, sont à l'œuvre. Ehrenfried Stöber et ses deux fils August et Adolf, par exemple, écrivent en allemand. Ehrenfried Stöber a exprimé sa position de la manière suivante : « Ma lyre est allemande, elle résonne de mélodies allemandes. Mon épée, elle, aime le coq français et se bat fidèlement pour la France ». Une culture dialectale apparaît : la première œuvre connue en dialecte est une pièce de théâtre, *Der Pfingstmontag* (Le lundi de Pentecôte) de Jean Daniel Arnold, écrite en 1816.

Les tensions ne manquèrent pas entre les uns, qui voulaient répandre la langue française aux dépens de l'allemande, et d'autres, qui s'engageaient pour la conservation de la langue allemande.

L'Alsace rattachée à l'Allemagne : le Reichsland

À la suite de la guerre de 1870, l'Alsace, malgré les protestations des députés alsaciens au Parlement réuni à Bordeaux le 17 février 1871, et plus tard au Reichstag à Berlin, fut rattachée à l'empire allemand par le traité de Francfort,[26] en même temps qu'une partie du territoire mosellan. Pour la première fois dans l'histoire apparaît l'entité « Alsace-Lorraine ». Les Alsaciens qui voulaient rester français eurent la possibilité d'émigrer en France avant le 1er octobre 1872. Pendant longtemps, l'Alsace resta un territoire du Reich, administré directement par Berlin par l'intermédiaire d'un gouverneur (Statthalter). Ce n'est qu'en 1911 que le pays obtint une certaine autonomie et des institutions propres. Trois partis politiques, les libéraux, le centre et les sociaux-démocrates occupaient le terrain. Les autorités allemandes s'efforcèrent d'éliminer le plus vite possible le « vernis français », selon le mot de Bismarck. Les changements concernaient avant tout le travail universitaire et la vie sociale. De nombreux Allemands vinrent s'établir en Alsace. En 1910, un sixième de la population était d'origine allemande. Les villes se développèrent. La population de Strasbourg doubla, passant de 85 654 habitants en 1871 à 178 891 en 1910. Le paysage urbain changea notablement grâce à la construction de nouveaux quartiers dans les villes. La vie culturelle était florissante. En un premier temps, les publications en français étaient toujours présentes, par exemple les romans d'Erckmann-Chatrian. La littérature allemande était représentée par Friedrich Lienhard, René Schickelé, Otto Flake et Ernst Stadler. Le dialecte aussi s'exprimait à travers l'œuvre de Marie Hart, de Gustav Stoskopf et des frères Albert et Adolphe Matthis. Un « réveil alsacien » se produisit après

1890, sensible dans les domaines de l'art, de la littérature et du théâtre. Des bibliothèques furent créées en beaucoup de lieux et les nombreuses représentations théâtrales étaient d'un bon niveau. L'Université de Strasbourg remaniée connut un rayonnement scientifique remarquable. Certains de ses professeurs, tels Konrad Röntgen et Alfred Werner, se virent décerner le prix Nobel. Les Églises s'adaptèrent peu ou prou au nouveau régime. Les catholiques furent dans un premier temps confrontés au *Kulturkampf*, mais ils s'affirmèrent par leur vitalité politique, démographique et sociale. Les lois laïcistes, promulguées sous la IIIe République en France, les ont inquiétés et irrités.

Les protestants, dont le nombre était passé de 237 291 en 1870 (22,7 % de la population) à 284 579 en 1890 (26,1 %), se montrèrent particulièrement actifs dans les domaines social et culturel. Il faut noter la construction de nombreuses églises néo-romanes et néo-gothiques, 150 églises catholiques et 72 protestantes.

La Première Guerre mondiale fut le théâtre de combats sanglants, surtout dans les Hautes Vosges, et, bien évidemment, cela envenima l'atmosphère dans le pays : aussi bien les Français que les Allemands soupçonnaient les Alsaciens d'espionnage ou de collaboration.

Entre les deux guerres mondiales[27]

Le retour à la France fut accueilli avec enthousiasme, surtout dans les villes, les petites villes et en Haute Alsace. Mais le centralisme français et la négation des évolutions en Alsace pendant le temps allemand engendrèrent une crise politique[28] qui dura des années et qui s'exprima entre autres par l'apparition d'un mouvement autonomiste.[29] L'économie connut d'abord un essor, mais fut affaiblie par la crise de

1929 puis, à partir de 1933, par le protectionnisme douanier introduit par l'Allemagne. Sur le plan démographique, on constata un vieillissement de la population et un recul des naissances. L'enseignement dans les écoles se fit d'abord exclusivement en français. À partir de 1920, trois heures hebdomadaires d'allemand furent prévues à partir de la troisième année scolaire. À l'Université de Strasbourg, les professeurs étaient presque tous originaires de la « France de l'intérieur », souvent de grand niveau comme les historiens Lucien Febvre et Marc Bloch. Les professeurs allemands, mais aussi des Alsaciens comme le théologien Gustave Anrich, avaient quitté l'Alsace en 1918. Albert Schweitzer, qui avait été interné deux fois par les Français, se retira à l'hôpital de Lambaréné et se consacra à une activité philosophique et musicale privée. Sa personnalité connut une reconnaissance internationale croissante. Le problème culturel, c'est-à-dire l'utilisation de la langue allemande, occasionna des clivages à l'intérieur même des Églises.[30] Par le départ des Allemands, l'Église protestante perdit de nombreux membres. En 1910, il y avait 322 934 protestants, soit 26,5 % de la population, en 1931 il y en avait 257 150, soit 21,4 %. Les catholiques par contre passèrent de 71,2 % à 73,1 % de la population totale.

La Deuxième Guerre mondiale et l'oppression nationale-socialiste de l'Alsace

Cette période de l'histoire fut particulièrement tragique. D'abord, un tiers de la population, soit 430 000 Alsaciens et Mosellans, fut évacué par les autorités françaises vers le sud-ouest de la France,[31] ce qui engendra évidemment, dans certains cas, de graves problèmes humains. Deux tiers de cette population revinrent en 1940. L'occupation allemande fut, dans un premier temps, acceptée favorablement par certains, surtout par les personnes âgées d'Alsace du nord, qui se souvenaient des Allemands d'avant 1918. Mais c'était là un malentendu tragique. En outre, les Alsaciens avaient l'impression d'avoir été abandonnés par la France. Un certain nombre d'Alsaciens se déclarèrent prêts à exercer des fonctions locales : maires, dirigeants de groupes locaux, dirigeants paysans. Certains étaient convaincus et, lorsqu'ils étaient bien vus par les autorités, ils devinrent chefs d'arrondissement (Kreisleiter). Ces cinq années sous le régime national-socialiste, sous la férule du Gauleiter Robert Wagner, avec la germanisation et l'assimilation imposées par les autorités, restent dans la mémoire de ceux qui les ont vécues comme un souvenir très douloureux.[32] Le plus grand nombre, comme toujours, eut une attitude passive ou opportuniste. Certains coopérèrent, d'autres organisèrent la résistance. En très peu de temps, l'attitude des nouveaux dirigeants conforta l'attachement de la plupart des Alsaciens à la France, ou l'éveilla. Mais, abandonnés par la France et terrorisés par les nazis, beaucoup d'Alsaciens avaient le sentiment de ne plus avoir de patrie, et de n'être qu'une pomme de discorde que se disputaient les deux nations. L'annexion et le régime dictatorial du nazisme, l'incorporation de force firent 5 % de victimes parmi la population alsacienne, soit trois fois plus que dans le reste de la France.

De 1945 à nos jours

Après la guerre, il y eut beaucoup de manifestations patriotiques ; mais l'épuration, c'est-à-dire la condamnation de « collaborateurs »,[33] où il y eut aussi quelques jugements hâtifs ou erronés, jeta une ombre sur ce nouveau commencement. Certains pensent jusqu'à nos jours que la dénazification ne fut pas assez radicale, d'autres qu'elle n'a atteint que les lampistes.

Le parti catholique (Centre MRP) et le parti gaulliste se partageaient le pouvoir, alors que les socialistes connurent un recul. Comme dans d'autres régions, le nombre de cultivateurs baissa considérablement. L'urbanisation se développa, comme aussi l'industrialisation. L'usage du dialecte était réprouvé, surtout par l'école. Seuls les journaux français ou bilingues étaient autorisés. La culture régionale fut suspectée. Ce n'est que dans les dernières décennies que, dans ce domaine comme dans le domaine économique, des changements notables sont intervenus. La population continua de croître. La création de la Région Alsace, dans le cadre d'une certaine décentralisation, permit des initiatives locales plus conséquentes dans la formation professionnelle, les transports et le développement économique. À ce jour, près de 12 % des Alsaciens travaillent en Allemagne du sud ou en Suisse. Mais ce chiffre va en décroissant. Les échanges économiques et politiques se développèrent, de même que le tourisme. Au plan culturel, la prépondérance de la langue et de la littérature françaises est nette aux dépens de la langue allemande, malgré des écrivains comme André Weckmann et Adrien Finck[34]. En revanche, la littérature dialectale connut une certaine renaissance, avec des œuvres, surtout poétiques, de Nathan Katz, Raymond Matzen, Auguste Wackenheim, André Weckmann, Conrad Winter, Adrien Finck et Claude Vigée. Chaque année sont publiés de nombreux alsatiques. Ce qui semble important aux Alsaciens, tourmentés par leur histoire, c'est le devenir de l'Europe, qui a commencé pour eux par la réconciliation franco-allemande et qui se poursuit par les institutions européennes et les nombreux échanges économiques et culturels.

La population alsacienne aujourd'hui

L'Alsace comptait en 2008 1 837 500 habitants. Il y a un demi-siècle, elle en comptait 1 200 000[35]. Malgré une baisse notable de la fécondité,[36] la croissance s'est poursuivie grâce, en particulier, à l'immigration. Il ressort d'une enquête de 2004[37] qu'il y avait à cette époque 179 100 immigrés de première génération en Alsace, et que leur nombre avait augmenté de 31 100 entre 1999 et 2004. Pour ce qui est de l'origine des immigrés, la Turquie vient en tête avec 28 500 personnes, suivie par l'Allemagne (23 500), puis les pays maghrébins (19 500 pour le Maroc et 18 000 pour la Tunisie). 12 000 immigrants sont issus du reste de l'Afrique. La prédominance de la Turquie, de l'Allemagne et du Maroc comme pays d'origine marque une différence avec le reste de l'Hexagone. La densité du peuplement de l'Alsace est frappante : 221 habitants au kilomètre carré. C'est une des plus fortes densités de France. La densité moyenne française est de 133 habitants au kilomètre carré.

Relevons aussi l'urbanisation de la région. Près d'un tiers de la population réside dans la communauté urbaine de Strasbourg qui, en 2009, comptait 467 376 habitants (272 975 pour la ville de Strasbourg). Depuis 1999, les six plus grandes agglomérations d'Alsace ont toutes accru le nombre de leurs habitants.

CHAPITRE II

De Louis XIV à Nicolas Sarkozy
Le regard porté sur les Alsaciens

L'identité d'un individu ou d'une communauté s'exprime à travers un certain nombre de valeurs ou de marqueurs auxquels ils se réfèrent. Nous le verrons tout au long de l'ouvrage. Mais nous ferons place d'abord au regard extérieur porté sur les individus et les communautés d'Alsace. À travers les siècles, les Français et les Allemands se sont fait une certaine image de l'Alsace. Elle correspondait plus ou moins à l'image que les Alsaciens se faisaient d'eux-mêmes. Souvent, c'était aussi une construction idéale ou mythique. C'était le cas en particulier quand la région était «perdue», passée à l' «ennemi».

À plusieurs reprises, l'image mythique et le réel alsacien tel qu'il était vécu et ressenti par les Alsaciens eux-mêmes sont entrés en collision. Mais, d'un autre côté, beaucoup d'Alsaciens ont aussi cherché à se conformer à l'image qu'on se faisait d'eux ou qu'on voulait leur imposer, c'est-à-dire celle de Français patriotes ou d'Allemands comme les autres. Nous nous bornerons à évoquer quelques tendances.

De l'Ancien Régime à la Révolution française

Le rattachement de l'Alsace à la France au XVIIe siècle s'est fait de manière progressive.[38] Sous Richelieu, les considérations stratégiques prédominaient : il faut « s'avancer jusques à Strasbourg s'il est possible pour acquérir une entrée dans l'Allemagne ». Il faut aussi combattre la présence et le pouvoir des Impériaux en Alsace.

D'autres considérations ou justifications apparaissent cependant. Au cours de la dernière phase de la guerre de Trente Ans, plusieurs seigneurs et villes d'Alsace, dont Colmar, se placent sous la protection de la France. De là naît l'idée en France qu'une présence, voire un pouvoir sur la province, était non seulement souhaitable pour des raisons stratégiques dans l'intérêt de la France, mais aussi souhaitée par les Alsaciens eux-mêmes, ou par beaucoup d'entre eux. Par les traités de Westphalie de 1648, l'Autriche cédait à la France ses terres et seigneuries du Sundgau et de Haute Alsace, ainsi que les droits sur le landgraviat de Haute et de Basse Alsace et sur la préfecture des dix villes impériales dites aussi villes libres. Quoi qu'il en soit de l'ambiguïté de ces formulations et du contenu concret de la souveraineté française sur l'Alsace, en particulier pour ce qui était du landgraviat de Basse Alsace et l'autorité sur la Décapole, l'Alsace allait entrer, en plusieurs étapes souvent décrites, dans le Royaume de France.

Quel regard allait être porté par la France sur l'Alsace et les Alsaciens dans la perspective des traités de Westphalie ?

D'un côté on est pleinement conscient, du côté français, des particularités institutionnelles, religieuses et linguistiques de l'Alsace. « Il ne faut pas toucher aux affaires d'Alsace » est un des principes qu'on voudrait y appliquer. Le respect du statu quo confessionnel y est d'ailleurs imposé par les traités. Pour ce qui est de la langue, on n'y touche pas davantage, malgré certaines velléités, sauf pour la haute administration. Remarquons encore que l'Alsace est considérée comme « une province à l'instar de l'étranger ». La frontière douanière, par exemple, est située non au Rhin, mais à l'ouest de la province.

D'un autre côté pourtant, l'Alsace est bien appelée, malgré ses particularités, à devenir une province française comme les autres. L'autonomie des villes de la Décapole était supprimée ; ces dernières étaient rattachées à la France par le traité de Nimègue et perdirent dans une large mesure leurs droits et leurs libertés. Puis les diverses seigneuries étaient « réunies » à la France entre 1680 et 1682. Strasbourg fut rattachée en 1681 au Royaume. Occupés passagèrement, la principauté de Salm, dans la haute vallée de la Bruche, et le comté de Nassau-Saarwerden ne le seront qu'en 1793, Mulhouse en 1798. La province sera unifiée et placée sous l'autorité d'un Intendant et du Conseil souverain d'Alsace. Le droit français y sera introduit.

Les Alsaciens deviennent des sujets du roi de France. Il faut leur faire connaître, déclare ce dernier, « qu'ils ne Nous [sont] pas moins chers que nos anciens et naturels sujets ».

Du côté allemand, par contre, et cela jusqu'à certains historiens d'aujourd'hui, on stigmatise la conquête de l'Alsace par la France. Certains parlent même du « rapt de Strasbourg », voire de l'Alsace en rappelant l'insertion de la province dans l'Empire durant huit siècles et l'attachement de la plupart des Alsaciens à leurs autorités immédiates, à la culture allemande et à l'Empire.

Tout au long du XVIIIe siècle, l'Alsace a attiré de nombreux visiteurs, originaires de vieille France ou de l'étranger. Certains étaient illustres comme Voltaire, Rousseau, Goethe et Mozart. D'autres l'étaient moins, mais leurs témoignages n'en sont pas moins dignes d'intérêt.

Selon Louis Batiffol,[39] « les voyageurs qui [visitent l'Alsace] au XVIIIe siècle présentent [les Alsaciens] sous les traits d'un peuple heureux, porté à la joie, dépourvu d'ambitions, vivant avec douceur ». Le même auteur cite l'opinion du contrôleur général des finances qui écrit le 5 août 1759 au sujet des Alsaciens : « Le peuple est attaché dans cette province, peut-être plus que dans aucune autre partie du monde, à ses anciens usages, sans vouloir même raisonner sur les propositions qui peuvent y être contraires ».

D'autres témoins ont souligné le conservatisme du peuple, sa loyauté, sa docilité. Il y aurait moins d'esprit de fraude que partout ailleurs en France. Mais, dès 1710, un officier du roi écrit à M. Voisin que le pays « sent la république » (ibid.). Certains visiteurs relèvent la qualité de l'agriculture et la richesse de la province. L'Anglais Arthur Young écrit encore en 1789 : « C'est une des plus belles plaines que l'on puisse voir, couverte de magnifiques moissons. Elle n'a rien de rivale que la Flandre, qui la surpasse cependant. »[40]

D'autres sont frappés par la place de la musique : « Il n'est pas de pays où l'on chante, danse et joue de la musique autant qu'en Alsace », écrivait le premier intendant à Louis XIV.[41]

Dans son *Histoire linguistique d'Alsace et de Lorraine* (1929), Paul Lévy cite un certain nombre de témoignages d'étrangers ayant séjourné en Alsace au XVIIIe siècle. Le jugement de Voltaire, qui a habité quelque temps à Colmar, est mordant : « Colmar est une ville moitié allemande, moitié française, et tout à fait iroquoise ».[42] Malgré les progrès du français, l'allemand occupe toujours une position dominante.

L'Anglais Young écrit ainsi : « Dans Saverne, je me trouvai, selon toutes les apparences, en Allemagne. Pendant les deux derniers jours, tout tendait à un changement, mais ici il n'y a pas une personne sur cent qui parle français. Les chambres sont chauffées par les moyens de poêles ; la cheminée a trois ou quatre pieds de hauteur, une infinité d'autres choses démontrent que l'on est ici chez un autre peuple, [...] un peuple tout à fait différent des Français, en mœurs, en langage, en pensées, en préjugés, et en coutumes. »[43]

Dans son autobiographie *Dichtung und Wahrheit* (Poésie et Vérité) et dans d'autres écrits, Wolfgang Goethe, qui séjourna en Alsace de 1770 à 1771,[44] nous fait part de l'impression que l'Alsace lui a faite. Il évoque ses excursions dans « la magnifique Alsace »[45], expression qu'il emploie à plusieurs reprises. Il vante « la clarté du ciel pur, la merveilleuse richesse de la terre, les douces soirées ». La cathédrale l'impressionne au plus haut point. Il est étonné et admiratif devant « cette œuvre merveilleuse » qu'il tend à lier au gothique allemand. La visite de la région de Niederbronn, en particulier des ruines de la Wasenburg, en juillet 1770, éveilla son intérêt pour l'archéologie et l'incita à « étudier le passé de l'Alsace dans une optique rhénane et [il] s'habitua à considérer la vallée du Rhin comme une zone d'influence latine ».[46] C'est le mont Sainte-Odile, le Mur païen, les ruines d'un *castellum* romain, la chapelle et les reliques ainsi que la vue sur l'Alsace qui l'impressionnent le plus. Dans la pension Lauth à Strasbourg, son compatriote Herder éveilla son intérêt pour la poésie populaire. En parcourant l'Alsace, le jeune Goethe allait recueillir les chants populaires auprès des personnes âgées.

En ce qui concerne la langue, il remarque que même les Alsaciens qui parlaient bien le français, tels que Schöpflin qu'il admire beaucoup et dont il souligne l'influence en Allemagne, ont de la peine à percer dans l'espace francophone. De même Salzmann, qu'il fréquente et dont il vante le parler français « léger et élégant », est à ses yeux « un parfait Allemand dans ses aspirations et ses actes ». Goethe estime que « l'Alsace n'était pas encore unie assez longtemps avec la France pour que ne subsistent pas d'anciennes dispositions d'esprit, de langue, de tradition et de costumes. Quand celui qui a été vaincu a perdu nécessairement la moitié de son être, il a honte d'abandonner volontairement l'autre moitié. Il reste attaché à ce qui lui rappelle le bon vieux temps qu'il a perdu. »[47]

De la Révolution à 1870

Jusqu'en 1793, l'Alsace et les Alsaciens ont bonne presse auprès des instances révolutionnaires à Paris. Celles-ci ont bien enregistré la large adhésion de la population et de ses représentants aux idéaux révolutionnaires et aux réformes mises en place.[48] Mais le regard change avec la Terreur. C'est le temps du soupçon. Il se porte d'abord sur la langue. Les représentants en mission vilipendent la communauté linguistique entre les Alsaciens et les ennemis de la France. En juin 1794, l'un d'entre eux, Hentz, écrit : « Tout le Haut-, le Bas-Rhin et les districts de la Moselle qui ne parlent qu'allemand sont pires que l'ennemi ».[49]

Toutes les catégories sociales font l'objet de soupçons. Les protestants sont jugés trop modérés, à l'instar de Frédéric de Dietrich, qui aurait été maire de Strasbourg, arrêté et guillotiné en 1793. Les catholiques sont vus comme des suppôts des prêtres réfractaires. Les villes comme les campagnes sont accusées d'être des foyers de contre-révolution. En particulier les régions proches de l'Allemagne telles que l'Outre-Forêt et la région de Haguenau qui, lors de l'invasion de l'armée austro-prusienne, avaient bien accueilli les anciens seigneurs et prêtres réfractaires, sont très mal vues. Le Paris de la Terreur vit dans la hantise que l'Alsace puisse devenir une seconde Vendée.

Sous le Directoire, la situation ne s'améliore que peu à peu. C'est en particulier le clergé catholique qui est suspecté. En l'an IV, un rapport au ministère de l'Intérieur souligne que « partout (dans le Bas-Rhin) les prêtres fanatisent le peuple, prêchent le royalisme et l'infraction des lois ».[50]

Quel fut le regard porté par Napoléon sur l'Alsace et sur les Alsaciens ? On a relevé combien il appréciait les qualités militaires des Alsaciens, leur goût de l'ordre et de l'efficacité, leur patriotisme. Au point que de nombreux généraux de l'ère révolutionnaire et napoléonienne sont issus de la région, tels Kléber, Kellermann, Lefebvre, Rapp. On connaît le mot de Napoléon au sujet de la langue en usage en Alsace : « Laissez-les baragouiner leur patois, pourvu qu'ils sabrent à la française ».

Au XIXe siècle, le romantisme français porte un regard plein de sympathie sur l'Alsace, ses châteaux forts, ses légendes, son Moyen Âge, le Rhin. Relisons à cet égard Victor Hugo et d'autres. En Allemagne aussi, les romantiques s'intéressent à l'Alsace et à son passé. Le poète Chamisso, par exemple, évoque dans un de ses poèmes le château du Nideck et la légende des géants qui s'y rapporte.

Des voix se font entendre au début du XIXe siècle, en lien avec les guerres de libération contre Napoléon, pour demander le retour de l'Alsace à l'Allemagne. C'est le cas en particulier de poètes patriotes tels qu'Ernst Moritz Arndt et Max von Schenkendorf. Citons ce dernier :

«*Doch dort an den Vogesen*
liegt ein verlornes Gut,
Da gilt es deutsches Blut
vom Höllenjoch zu lösen».[51]

Là-bas, le long des Vosges,
se trouve un bien perdu
Il s'agit d'y libérer du sang allemand
d'un joug infernal.

Même si, par la suite et jusque dans la seconde moitié du siècle, les revendications allemandes se manifestèrent moins, on s'en en inquiète en Alsace. Édouard Kratz, le maire de Strasbourg, chargé d'organiser en 1848 une fête pour commémorer le bicentenaire du rattachement de l'Alsace à la France, estime que «l'Allemagne n'a pas vu sans regrets échapper [...] une de ses plus belles provinces. Elle espère toujours que le sort des batailles lui ramènera cette rive gauche du Rhin. [...] La France ne doute pas de nous, elle a foi dans l'Alsace. L'Alsace est aussi française que la Bretagne, la Flandre ou le pays des Basques.»[52]

C'est autour de 1860, en rapport avec les guerres d'unification en Italie de 1859-1860 et les efforts renouvelés pour unir les États allemands, que la question de l'Alsace-Lorraine est à nouveau posée, par exemple dans l'écrit polémique *Elsass und Lothringen deutsch*, un document anonyme qui paraît à Berlin en 1860, et d'autres textes du même genre.[53]

Quelques années plus tard, le principe des nationalités et des langues est affirmé avec force dans les publications influentes de Richard Böckh,[54] un fonctionnaire allemand spécialiste des statistiques démographiques. La particularité de chaque nation, dit-il, doit être respectée, son esprit doit pouvoir s'exercer et non être opprimé, l'unité de la nation doit être recherchée. Ce qui fait avant tout l'unité d'une nation, c'est la langue. Böckh n'exclut pas la possibilité pour des Allemands de vivre dans un autre État que l'Allemagne, à condition que leur langue maternelle n'y soit pas opprimée. Ce point de vue s'applique aussi à l'Alsace. L'oppression de la langue allemande relevée par Böckh n'est pas acceptable à son avis.

Le lien établi entre la langue et la nationalité se renforcera lors de la guerre de 1870 et servira à justifier le rattachement de l'Alsace à l'Allemagne. Voici ce qu'écrit Gustav Freytag : « Quand notre armée eut franchi la frontière et que la langue qui lui était familière était toujours présente, ainsi que les cheveux blonds dans les villages, des coutumes domestiques allemandes et la bonhomie allemande chez les villageois, les soldats trouvèrent étrange que les Français devaient avoir cette apparence. À la campagne comme dans les petites villes, les Alsaciens sont encore plus totalement allemands que nous le pensions. »[55]

De 1870 à la guerre 1914-1918

Le traité de Francfort rattachait l'Alsace à l'Allemagne. Mais une méfiance vis-à-vis des habitants de la région reste perceptible tout au long des années. Une consultation de la population pour savoir si elle approuvait ou non le rattachement fut écartée. Et il faudra attendre 1902 pour que fût aboli le « paragraphe de dictature » octroyant depuis 1871 au chef du pouvoir civil, le Statthalter, en cas de menace pour le pouvoir civil, le droit de prendre sans explication toutes décisions jugées nécessaires. Et c'est seulement en 1911 que l'Alsace obtint dans le cadre de l'Empire une constitution et des institutions lui assurant une certaine autonomie.

Avant même la fin de la guerre de 1870, un certain nombre de journaux allemands avaient fixé comme objectif le rattachement de l'Alsace à l'Empire allemand.[56] À partir du mois d'août débute ce que M. Haubrichs a appelé « la guerre des professeurs » et dont il a présenté à la fois les protagonistes français et allemands, en exposant les enjeux des controverses.[57] Des historiens connus tels que Treitschke, Strauss et Mommsen du côté allemand, Renan, Fustel de Coulanges et Michelet, mais aussi des écrivains comme Édouard Schuré du côté français y participent. Nous n'en retiendrons que le regard jeté par les uns et les autres sur l'Alsace-Lorraine.

Les auteurs allemands mettent en avant le parler allemand des Alsaciens pour justifier le rattachement de la région à l'Allemagne. Les Français tels que Fustel de Coulanges ne nient pas que l'Alsace « parle allemand », mais ils contestent le principe de nationalité. Et Michelet écrit : « Un certain petit fonds commun de langue ne fait rien, quand il s'agit de nationalité. L'Alsacien qui, avec un patois germanique, ne comprend pas l'allemand qu'on parle à une lieue de lui, n'est point du tout allemand. Et s'il y a un pays sur la terre, hostile par son vif génie à toute idée, à toute habitude allemande, c'est précisément la Lorraine. »[58]

Du côté allemand on veut justifier le rattachement en invoquant l'oppression linguistique dont les Alsaciens sont victimes de la part de la France. C'est un des arguments de Treitschke.[59] Mais ce dernier ne s'en tient pas là. Il développe aussi le thème d'une « ethnie enfouie » (*verdecktes Volkstum*). Une histoire séculaire ne pouvait pas être détruite par deux siècles de présence française. Il fallait donc rétablir la nature profonde de l'ethnie alsacienne, même à l'encontre de la volonté des Alsaciens ! D'autres auteurs encore ont utilisé l'argument de l'ethnie alsacienne à libérer et à purifier.[60] Du côté français, c'est Édouard Schuré[61] et son plaidoyer passionné qui doit retenir l'attention.[62] Notons ce qu'il dit des Alsaciens : « C'est la volonté de tous les Alsaciens de rester Français ». La Révolution a définitivement francisé l'Alsace : « Les Alsaciens prirent part à l'émancipation politique [de la France], ils comprirent les Droits de l'homme, ils entrevirent un idéal nouveau ». Pour Schuré, l'Alsace est un lieu de rencontre entre les cultures : « L'Alsace n'est plus une province allemande par l'ensemble de sa population. Elle représente la fusion de deux races, elle est la preuve vivante de l'alliance possible entre ces deux esprits si divers ». Et l'auteur appelle à la guerre de revanche : « Notre vraie patrie vit et vivra dans nos âmes. Respirons, marchons, combattons avec la France, et le jour de délivrance se lèvera sur nos ruines ».

Les débats et controverses entre auteurs français et allemands montrent que le regard porté par les uns et les autres sur l'Alsace est tributaire d'une conception différente de la nationalité.[63] Pour les Allemands, la nation est une partie de l'humanité caractérisée par les mêmes origines et la même langue. Pour les Français, il s'agit d'un ensemble d'individus soumis à la même loi. Ce ne sont ni la race, ni la langue qui font la nationalité, mais la libre décision des individus ou des peuples. Fustel de Coulanges écrit : « Il se peut que l'Alsace soit allemande par la race et par le langage, mais par la nationalité elle est française ».[64] Les auteurs français plaident pour l'autodétermination des Alsaciens, alors que du côté allemand on pense que seule la nation toute entière, c'est-à-dire l'Empire allemand, et non l'élément particulier qu'est l'Alsace, peut décider du sort de la région.

En fait, Bismarck ne semble pas avoir beaucoup réfléchi sur l'identité des Alsaciens, leur langue et leur culture, même s'il affirmait avec pathos qu'il fallait désormais débarrasser la région du « vernis welche ». Il était plus sensible aux arguments stratégiques, et soucieux d'établir une zone défensive pour sécuriser le sud-ouest de l'Allemagne.

En vieille France, à partir de 1870, s'affirme la nostalgie au sujet de l'Alsace perdue. Le sujet a fait l'objet d'une thèse de Laurence Turetti en 2003, reprise dans un ouvrage *Quand la France pleurait l'Alsace-Lorraine.*[65] Ce livre présente tout un ensemble d'auteurs qui se sont exprimés sur le sujet et les thèmes qu'ils ont développés. C'est encore Renan qui prend position. La perte de l'Alsace, affirme-t-il, est une mutilation de la France. Renan ainsi que Fustel de Coulanges font valoir que les Alsaciens veulent rester français. Or, les populations ne doivent pas être transférées sans leur consentement. Pour les géographes français, l'Alsace est le «beau jardin» déjà remarqué comme tel par Louis XIV, qu'il faut protéger face aux convoitises des Allemands. À défaut de pouvoir se référer au Rhin comme frontière naturelle, on invoque la frontière culturelle qui séparerait l'Alsace des Allemands. Mais, selon Laurence Turetti, «l'opinion réelle des populations d'Alsace et de Moselle est largement ignorée en France où l'on ne souhaite entendre que les manifestations de francophilie».

Dans onze manuels de géographie sur seize, l'Alsace continue à figurer comme province française. «Du point de vue français, c'est la guerre de 1870 qui définit l'identité de l'Alsace, et, paradoxalement, l'attache définitivement à la France». Selon Lavisse, «la patrie qu'il [l'Alsacien] a perdue, il l'aimait, autant et presque plus qu'un Français de France, car il était un Français de la frontière. Il l'aime d'autant plus qu'il vient de la perdre». Le patriotisme est d'autant plus fort que les Alsaciens viennent de subir les violences prussiennes.

Laurence Turetti montre que l'image qu'on se fait des Alsaciens en France varie selon les milieux. Une enquête menée en 1887 par les préfets dans les campagnes montre que si certains « manifestent un enthousiasme sans faille » pour accueillir, le cas échéant, des réfugiés alsaciens et lorrains, « la plupart se montrent au contraire hostiles à l'accueil d'immigrés alsaciens. Ils les distinguent mal des Prussiens dont ils semblent partager la langue. Méfiants, ils craignent d'héberger des espions. »

Mais l'image idéalisée de l'Alsace patriotique et totalement francophile continue d'être véhiculée par les voyageurs français, enfants d'optants et autres, qui font un séjour en Alsace. Leurs récits de voyage, étudiés par Laurence Turetti, ainsi que les œuvres littéraires tels que *Les Oberlé*, le roman alsacien de René Bazin paru en 1899, veulent montrer combien l'Alsace est restée française de cœur. « Les écrivains voyageurs souhaitent constater sur place que la greffe de l'Allemagne ne prend pas. Ce sont eux qui façonnent l'image stéréotypée d'une Alsace-Lorraine largement mythique. » À l'époque déjà, l'artiste Charles Spindler observe que « les romans alsaciens de Bazin et de Barrès décrivent les milieux bourgeois. Ignorant l'allemand, ces auteurs n'ont pas eu de rapports directs avec le peuple et ont dû, pour leur documentation, s'en rapporter à un tiers ». « Orientés par le regard de francophones, sinon de francophiles, fréquentant les mêmes milieux, les voyageurs reçoivent tous, peu ou prou, les mêmes impressions » (Laurence Turetti).

Les images de l'Alsace qui s'élaborent ainsi évoquent les villes où il n'y a plus rien de gai, la présence allemande par les militaires est pesante, les nouvelles constructions sont lourdes et défigurent l'Alsace. Dans les années 1905, les commentaires deviennent plus élogieux. Ils ne cessent de vanter la campagne bucolique, ses paysages, ses traditions, leur richesse. Tout l'attirail francophile y passe : les maisons à colombage, les coiffes, les cigognes et, bien sûr, la cathédrale. Quant aux Alsaciens, on fait l'éloge de leur résistance à la germanisation. Même s'il y a des défections, la fidélité à la France persiste dans les milieux populaires, chez ces têtes carrées d'Alsaciens, si francs, qui respirent la force et la santé.

Selon Laurence Turetti, l'Alsace est devenue « un territoire mythifié à l'usage des Français ». C'est un thème fédérateur pour la France. Mais l'image de l'Alsace s'est éloignée des réalités. « Repliée sur ses traditions et sur le passé, elle [la population alsacienne] est en dehors de toute analyse socio-politique plus approfondie, unanimement fidèle à la France dont elle attend le retour ». L'Alsace n'oublie pas la France, tel est le thème dominant entre 1872 et 1900. De 1900 à 1912, les auteurs cités insistent pour que la France n'oublie pas l'Alsace.

Quel est le regard et le jugement porté sur les Alsaciens par les Allemands implantés dans la région après 1870 ? Nous nous limiterons à deux exemples. Laissons d'abord la parole à Elly Heuss-Knapp. Fille d'un professeur allemand qui enseignait à l'Université de Strasbourg, elle passa une grande partie de sa jeunesse dans cette ville et épousera plus tard Théodore Heuss, qui sera en 1949 le premier président de la République fédérale allemande. Dans ses souvenirs,[66] elle note que les familles alsaciennes déjeunent à midi, c'est-à-dire à une autre heure que les Allemands, et que les enfants sont habillés autrement. Selon son témoignage, les jeunes garçons alsaciens qu'elle rencontrait dans les rues de la ville étaient pleins d'humour et rien ne les impressionnait, même pas l'empereur en visite à Strasbourg : « Il a un nez dans le visage comme un autre homme », disaient-ils.[67] Parmi les traits de caractère du peuple alsacien, elle relève la sincérité, un solide bon sens et une grande capacité de résistance face aux difficultés. On ne se laisse pas abattre facilement. D'après l'auteur, il n'y avait guère de différences entre la paysannerie alsacienne et celle du pays de Bade. Les ouvriers alsaciens se sentaient proches du monde ouvrier allemand.

Selon l'auteur, « le peuple alsacien en était resté à la situation culturelle du XVIIe siècle. Les deux cents ans de domination française avaient fortement changé la classe supérieure, mais les gens de petite condition étaient restés ce qu'ils étaient ».

La classe supérieure, notamment les dirigeants de l'industrie, les notables sur lesquels le gouvernement aurait voulu s'appuyer, s'étaient au contraire francisés dans la langue, les mœurs et les convictions. « La classe supérieure (*Oberschicht*) alsacienne était, sur le plan social, presque entièrement distincte de la classe supérieure allemande. On vivait bien, on profitait de l'essor économique, on savait bien mieux se vêtir que les Allemands et on mangeait mieux. On valorisait le maintien des anciennes traditions. Mais la pensée (*Geistigkeit*) des savants était peu appréciée [en Alsace] ». Elly Heuss-Knapp relève avec regret le peu de contacts entre l'élite allemande, en particulier les professeurs, et l'élite alsacienne.

En ce qui concerne le clergé catholique, elle note que, jusqu'au tournant du siècle, il fut plutôt inféodé aux traditions françaises. Le combat anticlérical en vieille France mais aussi la création, en 1902, d'une faculté de théologie catholique, allaient quelque peu changer cet état d'esprit. À part la faculté de théologie protestante et la faculté de médecine, l'Université avait peu de contacts avec la population alsacienne.

C'est le cousin d'Elly Heuss-Knapp, Werner Wittich[68], professeur à l'Université de Strasbourg, qui a présenté les analyses les plus perspicaces sur l'Alsace et les Alsaciens d'un point de vue allemand dans deux études publiées en 1900[69] et en 1908.[70] Relevons les thèses qu'il expose en 1908. Au plus tard à la fin des guerres napoléoniennes, « l'Alsace était devenue française de sentiments [...]. Par contre, la culture de la population au début du XIXe siècle apparaissait à tous les observateurs comme foncièrement allemande, sauf quelques particularités toutes extérieures ». Avec le temps, l'adhésion de la population au régime français avait conduit à un rapprochement des civilisations, situation qui prévalait en 1870. Mais ce rapprochement était plus ou moins fort selon les catégories sociales et les degrés de culture. « La masse du peuple, les paysans, les ouvriers, les artisans, avait conservé en même temps que la langue allemande une part considérable de la culture de l'esprit (*geistige Kultur*) allemande. Mais cette culture offrait cette particularité que, le pays se trouvant désormais à l'écart du mouvement des idées, elle avait conservé un caractère fort archaïque [...]. Les Alsaciens de cette classe, dont l'éducation scolaire s'est déroulée pendant les dix années qui ont précédé l'annexion, ne peuvent s'exprimer par écrit qu'en français, de plus ils ne lisent l'allemand qu'avec peine ; en revanche, ils possèdent parfaitement l'allemand dialectal [...]. Les influences françaises se manifestaient, dans cette couche de la population, principalement dans le domaine de la « culture des sens », (*Geschmackskultur*, *Sinnenkultur*)[71] et aussi par certaines habitudes économiques ». L'auteur évoque aussi « l'instinct démocratique et républicain » qu'il avait déjà décrit dans son étude de 1900 dans laquelle il montrait que les Alsaciens étaient dépourvus de tout sentiment monarchique.

« Quant à la classe supérieure, les industriels, commerçants, professeurs, propriétaires et fonctionnaires locaux, ce qui les caractérisait (ceux du moins qui restaient dans le pays), c'était la fameuse "culture mixte". À une nature morale et à une mentalité allemande, ils superposaient la culture française en qui concerne la langue, le goût, les habitudes économiques et les idées politiques. La culture française faisait partout des progrès aux dépens des mœurs et coutumes allemandes. Mais elle les recouvrait plutôt qu'elle ne les supprimait, en sorte que d'importantes bases de l'organisme restaient allemandes. »

Werner Wittich se demande ensuite ce qui a changé depuis 1870. « L'opinion courante, écrit-il tout d'abord, est que le sentiment national français s'est à peu près éteint sans que, d'ailleurs, un sentiment allemand correspondant se soit développé à l'heure qu'il est. À sa place on trouve soit le scepticisme tant déploré, soit un amour excessif de la petite patrie. En ce qui concerne la civilisation, la culture spirituelle de la masse s'est de nouveau assez germanisée, ce qui, d'après ce qui a été dit plus haut, n'offrait pas de difficultés. Toutefois, dans cette couche de la population aussi, subsiste un grand respect de la culture française, spécialement de la langue française ; de même, la culture des sens et les vues politiques et sociales sont encore tout à fait françaises. Quant à la bourgeoisie et aux notables, leur culture n'a presque pas subi de modifications ; chez eux prédomine d'une manière absolue la culture mixte avec un penchant traditionnel pour la culture française. Il apparaît clairement que tout ce que l'État peut atteindre pas ses efforts conscients de germanisation, il l'a déjà atteint ou à peu près. L'enseignement public a de nouveau modernisé la culture de l'esprit de la masse et constitue, chez la classe supérieure, tout au moins un contrepoids au culte exclusif qu'elle voue à l'esprit français. Partout ailleurs, dans le domaine de la culture des sens, des idées politiques, des convictions sociales, et aussi en ce qui concerne la formation intellectuelle réfléchie des classes supérieures, l'influence de l'État, quelque activité qu'il pût développer, demeure forcément très restreinte. Dès lors, comme les hautes classes demeurent fidèles à la culture française, comme, dans le peuple entier, la culture des sens et l'esprit démocratique de la France ont poussé de profondes racines, et que ces dispositions sont fortifiées chez lui par des influences venues d'Allemagne, comme enfin la vie entière de la population et de l'État s'est imprégnée, à la manière allemande, d'esprit particulariste, on peut prévoir que, pendant un temps illimité encore, la culture personnelle des Alsaciens sera une culture mixte avec prédominance des éléments allemands dans la classe inférieure, des éléments français dans la classe supérieure. »

On ne peut qu'admirer la lucidité de Werner Wittich, « l'Allemand qui nous a le mieux compris », selon Robert Redslob. Son étude de 1900 et sans doute aussi sa fréquentation du cercle des animateurs de la *Revue Alsacienne illustrée* déplurent d'ailleurs fortement aux autorités du Reichsland.

D'autres Allemands portèrent un regard différent sur l'Alsace autour de 1900. Ainsi Karl Lamprecht, auteur d'une histoire de l'Allemagne assez répandue, [72] mais qui ne vivait pas à Strasbourg, est d'avis qu' « une nouvelle germanisation (*Verdeutschung*) des couches sociales décisives de l'Alsace s'est opérée avec une rapidité surprenante. [...] Combien l'Alsace a-t-elle changé vers 1900 aux yeux de celui qui la connaissait depuis une génération ! Sous le vernis français en train de disparaître, la vieille culture allemande s'était à nouveau manifestée, la culture du temps où Goethe faisait des études à Strasbourg, une culture péniblement maintenue par d'appréciables parties de la classe moyenne jusqu'en 1870 sous une forme momifiée et pétrifiée.»

Au-delà de ces restes, de nouvelles pousses avaient surgi. L'auteur évoque à ce propos la littérature dialectale alsacienne et allemande. Au vu de cette situation heureuse, «la nation pouvait supporter avec quelque humour la maigre classe supérieure, en train de disparaître, de quelques milliers d'amis de la France (*Französlinge*) [...]. Le pays dans son ensemble est gagné pour la germanité (*Deutschtum*) et pour l'Empire.»

Plus on s'approchait de la guerre, plus les passions s'échauffaient, notamment dans l'affrontement entre les journaux alsaciens francophones et les journaux pangermanistes. Au point que le Kaiser, en visite en 1912 à Strasbourg, manifesta son mécontentement. Il se plaint du mauvais esprit qu'il discerne dans la population alsacienne.

La méfiance à l'égard des Alsaciens atteint son paroxysme lors d'un incident grotesque qui éclata à Saverne le 6 novembre 1913.[73] Un jeune lieutenant allemand qui partageait sans doute l'opinion que les officiers allemands en garnison en Alsace devaient se considérer comme évoluant en territoire ennemi, avait injurié les recrues alsaciennes en les traitant de «*Wackes*» (voyous). Selon le journal catholique de Strasbourg qui rapportait l'incident, il aurait aussi promis 10 marks de récompense à celui «qui abattra d'un coup de fusil ou d'un coup de baïonnette un de ces sales *wackes*». L'affaire fit grand bruit jusqu'à Berlin. Elle a révélé le regard méprisant et suspicieux porté par un certain nombre d'officiers allemands sur les Alsaciens à la veille de la guerre.

D'une guerre mondiale à l'autre

La guerre 1914-1918 allait renforcer de façon considérable la méfiance des Allemands face aux Alsaciens.[74] Il fut procédé à de nombreuses arrestations préventives de personnalités alsaciennes, exilées souvent dans des régions reculées de l'Empire allemand. Elles étaient accusées de «sentiments antiallemands» ou d' « esprit français» et qualifiées de «*Franzosenköpfe*» (têtes de Français). À Strasbourg, les derniers cultes encore célébrés en français furent interdits. Et les autorités allemandes craignaient l'espionnage des civils. À partir de 1916 et jusqu'à la disparition du front de l'est en 1917, les soldats alsaciens incorporés dans l'armée allemande furent envoyés là-bas. Sur le front ouest, on craignait les désertions. Mais, du côté français, la méfiance se fit également jour envers ces Alsaciens qui s'étaient laissé enrôler dans l'armée allemande.

Après le retour à la France, l'image déjà évoquée de l'Alsace meurtrie, mais désormais guérie prévalut dans les milieux officiels. Ces derniers pensaient qu'il fallait gommer tout ce qui s'était passé entre 1870 et 1918, et plus généralement relativiser voire nier la part culturelle allemande de l'Alsace et les siècles d'appartenance à l'Empire. Il n'était pas question d'organiser un plébiscite. «Le plébiscite est fait», déclarèrent aussi bien le maréchal Joffre que le président Poincaré devant des foules enthousiastes.

Quand l'Université de Strasbourg est rouverte le 22 novembre 1919, le président Poincaré déclare : «L'Université française deviendra ainsi, à la frontière de l'Est, le phare intellectuel de la France, dressé sur le sol où vient expirer le flot germanique, comme autrefois cette enceinte celtique qui couronnait les montagnes de Sainte-Odile, et dont les gardiens surveillaient à l'horizon les mouvements du monde barbare».[75]

Du côté allemand, c'était maintenant le temps de la nostalgie et des regrets d'avoir perdu l'Alsace-Lorraine, regrets attisés tout particulièrement par les Allemands qui avaient quitté l'Alsace en 1918. La Société d'aide mutuelle des Alsaciens-Lorrains dans le Reich, regroupant quelque vingt mille membres, défendait l'idée que le sort de l'Alsace n'avait pas été réglé par le traité de Versailles. D'origine alsacienne, Robert Ernst[76] organisait à Tübingen une Ligue des étudiants alsaciens allemands. Il encouragea ceux qui, en Alsace, s'efforçaient de maintenir l'apport de la culture allemande et de préserver les institutions propres à l'Alsace. En 1924 était créé à Francfort un Institut scientifique alsacien-lorrain dont les publications valorisaient la dimension allemande de la culture en Alsace à travers les siècles.

À peine vingt ans se passèrent et ce fut la Seconde Guerre mondiale. Les malheurs apportés par cette guerre à l'Alsace sont connus. Nous les avons déjà évoqués et nous y reviendrons encore. Mais quel est le regard porté par les uns et les autres sur les Alsaciens ?

Au début de la guerre, un tiers de la population alsacienne et mosellane fut évacué dans le centre et le sud-ouest de la France.[77] Moi-même, j'ai passé un an de ma vie à La Force, près de Bergerac. Les souvenirs gardés par les Alsaciens évacués sont divers. Des difficultés de tout ordre sont évoquées. Le mal du pays était répandu. S'ils étaient, dans l'ensemble, assez bien accueillis, bien des Alsaciens se sont entendu dire : « Vous êtes des Allemands, par la langue et les coutumes, retournez donc chez vous dans l'Alsace devenue allemande ». D'autres leur demandaient d'abandonner la pratique de l'alsacien s'ils voulaient être de vrais Français. À ces Français du Périgord et du Limousin qui ont accueilli des Alsaciens, Jean Giraudoux écrit le

11 novembre 1939 : « Jamais langage n'a plus mérité d'être respecté. C'est par lui que les Alsaciens ont pu résister à ce point à l'empire allemand pendant leur annexion. Il a été le voile sous lequel, invisible aux Allemands, ils ont entretenu leur indépendance et leur mémoire.[...] Pourquoi, lorsque le français est redevenu leur langue nationale, auraient-ils sacrifié cet héritage, cette langue d'intimité qui leur permet d'ajouter à leur vie morale toutes les nuances de leur âme provinciale, vigueur, humour, tendresse familiale, exubérance humaine ? »[78]

Mais comment les Alsaciens étaient-ils considérés par les autorités d'occupation ? D'entrée de jeu, l'Alsace fut unie au pays de Bade sous l'autorité d'un seul et même Gauleiter. Les autorités ne reconnaissaient pas le particularisme alsacien et s'étaient fixé comme but de germaniser l'Alsace en l'espace de dix ans. Elles n'accordaient pas à l'ensemble des Alsaciens la nationalité allemande. Celle-ci était accordée comme une distinction seulement à des groupes particuliers. Le statut variait selon les circonstances. « Dans certains cas, ils étaient considérés comme étrangers, dans d'autres comme Français, dans d'autres comme individus sans nationalité, dans d'autres encore comme Alsaciens *Volksdeutsche*, membres du peuple allemand mais non citoyens du Reich. On ne leur accorda la nationalité que dans des cas très précis, en vertu d'une procédure un peu particulière, fondée sur un décret du conseil des ministres du Reich du 20 janvier 1942 stipulant : "Le ministre de l'Intérieur peut accorder par une décision générale la nationalité allemande à des groupes étrangers qui habitent un territoire sur lequel s'exerce la souveraineté allemande ou qui sont originaires d'un de ces territoires" ».[79]

Qui « bénéficiait » de la nationalité allemande ? C'étaient en particulier ceux qui avaient lutté pour les particularités alsaciennes, ceux qui avaient obtenu des distinctions militaires, ceux qui étaient membres des organisations nazies et finalement ceux qui étaient engagés volontaires dans la Wehrmacht ou y avaient été incorporés de force.

Les autorités se méfiaient cependant de ces derniers. Comme en 1916-1917, ils furent envoyés avant tout sur le front de l'est. À l'ouest, ils auraient pu déserter !

Du côté français, l'armistice signé à Rethondes le 22 juin 1940 entre la France et le Reich ne mentionnait pas les départements d'Alsace et de Moselle. Sur un plan juridique, l'Alsace restait donc française. Mais une annexion de fait allait intervenir. En France d'outre Vosges, on s'y résigna tout en encourageant plus ou moins les velléités de résistance. Pour les membres de l'Université française de Strasbourg repliée à Clermont-Ferrand, il n'était pas question de revenir à Strasbourg où le Reich avait d'ailleurs mis en place une nouvelle Université. Les étudiants, dont ceux de théologie protestante, qui voulaient revenir en Alsace et terminer leurs études dans une université en Allemagne, étaient mal vus. « L'élite reste », dit une étudiante à une camarade qui s'apprêtait à quitter Clermont-Ferrand pour revenir en Alsace.

Et aujourd'hui ?

Dans un ouvrage paru en 2000, Laurence Winter[80] a bien mis en évidence quelques jugements, voire des préjugés répandus sur les Alsaciens « à l'intérieur », comme disent ces derniers. D'emblée, l'Alsace est associée au folklore des costumes et des cigognes, ou encore à la choucroute et à la bière. Il y a aussi le climat : le qualificatif de l'Alsace « Sibérie de la France » a la vie dure. Heureusement que les marchés de Noël, qui attirent des millions de visiteurs, et le vin chaud atténuent le froid prêté au climat de la région et souvent aussi à ses habitants.

Comment perçoit-on les habitants, justement? Ils sont considérés comme lents, comme sérieux, comme trop exigeants. « Je ne pourrais pas travailler là-bas. Vous êtes trop exigeants. C'est prussien », aurait dit un correspondant parisien.[81] Dans un entretien du 20 avril 1968 avec Mgr Elchinger, le général de Gaulle parla de l'Alsace comme d'un beau pays, « mais, ajouta-t-il, les Alsaciens sont des gens difficiles ». Certains les traitent aussi de naïfs parce qu'ils paient mieux leurs impôts et semblent refuser les « combines ». On critique leur ponctualité. Selon Laurence Winter, « des Parisiens ont paniqué lors de la nomination de Catherine Trautmann au ministère de la Culture : "Il paraît qu'elle est à son bureau à 8 heures 30 du matin !" »[82]

Le fait qu'un certain nombre d'Alsaciens parlent toujours l'alsacien ou qu'ils aient gardé l'accent alsacien lorsqu'ils parlent le français attire souvent les soupçons, voire le reproche : « Vous êtes des Boches ». Et les qualités et défauts prêtés aux Alsaciens ne font que confirmer ce jugement. La proximité de l'Allemagne plus ou moins connue des « Français de l'intérieur » renforce l'amalgame. Au point que, lorsqu'il est arrivé que le Racing Club de Strasbourg gagne la Coupe de France, un commentateur connu se soit exclamé à la télévision : « Vivement que la Coupe revienne en France ! »

Quant aux Allemands, ils aiment venir dans la région, ils y apprécient certains des traits que nous avons évoqués, tout en relevant aussi combien les Alsaciens se sont éloignés de la culture allemande contemporaine. D'autres, tels les Tyroliens du sud, critiquent les Alsaciens pour n'avoir pas résisté suffisamment à l'assimilation linguistique.

Les uns et les autres, en particulier les « Français de l'intérieur », attribuent aux Alsaciens et à l'Alsace une « identité forte », sans définir d'ailleurs de manière précise ce qu'ils entendent par là. L'une des caractéristiques les plus récentes a été proposée par le président Sarkozy dans un discours prononcé à Colmar le 8 mai 2010. Il s'agit pour lui d'une région dont « l'identité est alsacienne, la fidélité française et l'idéal européen ».[83]

CHAPITRE III

L'Alsace celtique, gallo-romaine et germanique
L'identité au miroir des origines

Au cours des siècles, mais surtout à l'époque contemporaine, les tentatives n'ont pas manqué de fonder l'identité des Alsaciens sur les origines, plus exactement sur ce qui en est accessible à l'investigation historique. Il s'agit, pour l'essentiel, d'un espace situé entre les cinq ou six siècles avant Jésus Christ et le IXe siècle après Jésus Christ. Sans viser l'exhaustivité, nous présenterons quelques-unes de ces controverses dont on verra, surtout pour la période récente, combien elles sont tributaires des affrontements contemporains entre la France et l'Allemagne.

Mais cela n'est pas encore le cas pour la première controverse, située au XVIe siècle, qui retiendra d'abord notre attention.

L'Alsace gauloise ou germanique ?
La controverse entre Wimpheling et Murner

Voilà deux clercs, marqués par l'humanisme, qui s'étripent avec véhémence en 1501 et 1502 au sujet des origines de l'Alsace. À cette époque, Wimpheling[84] est une figure connue à Strasbourg. Prêtre séculier, il est préoccupé par la réforme de l'Église, mais s'opposera au mouvement luthérien. Pour réformer l'Église, il faut, selon lui, promouvoir une nouvelle pédagogie et des écoles susceptibles de créer un homme nouveau, ouvert en particulier à l'humanisme, tout en restant fidèle à la foi traditionnelle. En face, encore moins connu à Strasbourg, émerge un jeune franciscain, Thomas Murner, [85] lui aussi marqué par l'humanisme, qui se révèlera au cours des années un satiriste et polémiste redoutable, s'en prenant aux mœurs de son temps et aux faiblesses de l'Église, puis aux idées de Luther. L'affrontement entre Wimpheling et Murner fut sévère, mais ses effets restèrent limités à l'époque. C'est à l'époque contemporaine qu'il suscitera un certain intérêt[86] et sera remis à l'ordre du jour.

Selon Emil von Borries, ce serait Murner qui, le premier, aurait abordé la question dans un cours dispensé en été 1501, et dont quelques échos sont probablement parvenus à Wimpheling. Selon Murner, la rive gauche du Rhin aurait fait partie, dans les temps anciens, de la Gaule. Charlemagne et ses descendants étaient français. Le lys présent sur les monnaies strasbourgeoises est à rapprocher des trois lys des armoiries des rois de France. Autrefois, affirme Murner, Strasbourg était soumise aux rois de France.

Dans un traité de 1501, intitulé *Germania*, dont seules les six premières pages sont consacrées à notre sujet, Wimpheling veut prouver que, depuis l'empereur Auguste, l'Alsace a toujours été habitée par des Germains, et c'est le nom de Germanie qui convient à l'Alsace et non celui de Gaule. Donnons quelques précisions. Selon Wimpheling, jamais un Français n'a été empereur romain germanique. Depuis Charlemagne, tous les empereurs ont été des Allemands. Charlemagne n'a pas été gaulois (*gallus*), mais allemand, même s'il a régné sur des Français. Wimpheling en veut pour preuve le fait que l'empereur a donné aux douze mois de l'année, ainsi qu'à ses filles, des noms qui n'ont de sens qu'en allemand, ou encore qu'il a séjourné fréquemment dans les contrées de la rive droite du Rhin. Wimpheling se réfère aussi à quelques témoins, historiens ou papes, « qui ont placé en Germanie quelques tribus et villes de la rive gauche du Rhin ». Quant au lys invoqué par Murner, sa présence dans les armoiries de la ville de Strasbourg est récente et il n'y en a qu'un, alors que chez les rois de France, il y en a trois. Dans une Déclaration complémentaire, [87] Wimpheling poursuit sa démonstration. Il cite d'autres témoins en faveur de l'appartenance de Charlemagne à la Germanie et du caractère allemand de la rive gauche, tout en reconnaissant que, dans des temps plus reculés, l'Alsace a pu faire partie de la Gaule. Pour étayer sa thèse sur le rattachement de l'Alsace à l'Empire allemand, il fait valoir que les noms de lieux en Alsace sont bien allemands, que depuis mille ans les monuments commémoratifs portent des inscriptions latines et allemandes, mais aucune en français. Il observe aussi que Rodolphe de Habsbourg et les empereurs d'origine luxembourgeoise n'auraient pas été élus s'ils n'avaient pas été des Allemands. Selon Wimpheling, Charles le Téméraire se considérait comme Allemand et les villes de Besançon, Toul, Metz et d'autres affirmaient leur appartenance à l'Empire, à plus forte raison les villes d'Alsace.

Wimpheling réitère une thèse déjà esquissée dans la *Germania* : ce qui est décisif, ce n'est pas le nom d'un pays, mais ses origines, sa langue, les mœurs de ses habitants. Tout cela est allemand en Alsace. Ce pays fait donc partie de l'Allemagne.

Murner ne semble pas avoir connu ce dernier écrit. Mais il se dresse contre les thèses de la *Germania*. Il affirme que Charlemagne était Français, que beaucoup de Français furent des rois de l'Empire romain germanique. Il rappelle que les plus anciens géographes et auteurs ont fixé les limites de la Gaule au Rhin, en particulier Jules César, que Strasbourg a fait partie de l'empire de Clovis et de Dagobert, qui étaient des rois français. Selon Murner, Charlemagne était bilingue. Il est d'avis qu'on peut être à la fois gaulois et germain. Il réfute l'affirmation que Charlemagne aurait favorisé les territoires de la rive droite du Rhin, et il écarte, sans s'y attarder, les sept témoins cités par Wimpheling en faveur de sa thèse. Quant au lys présent dans les armoiries de Strasbourg, c'est, d'après lui, l'opinion populaire qui y a vu une origine française.

Murner n'en a pas conclu que l'Alsace devait revenir au Royaume de France. Par une disposition de Dieu, écrit-il, l'histoire a intégré l'Alsace dans le Saint Empire romain germanique. Mais il ne fallait pas oublier pour autant les bienfaits des rois français, en particulier la construction de la cathédrale de Strasbourg que Murner attribue à Clovis !

Les historiens contemporains n'ont pas manqué de mettre en évidence la fragilité des arguments échangés.[88] La préoccupation patriotique de Wimpheling l'a poussé vers des argumentations discutables. La connaissance et la critique des sources sont imparfaites chez les deux auteurs. L'emploi des mots tels que « Galli » ou « Franci » est très imprécis. Mais la problématique abordée par la controverse est intéressante et sera reprise aux XIXe et XXe siècles.

Le substrat celtique. Controverses à l'ombre de la guerre de 1870

Quand il est question de rattacher l'Alsace-Moselle à l'Allemagne, Alfred Michiels, un historien belge, connu jusque là par des travaux sur les anabaptistes, sur l'histoire de l'art et sur l'Autriche, élève la voix. Il publie en 1871 un livre intitulé : *Les droits de la France sur l'Alsace-Lorraine.*[89] Sans nous arrêter ici à l'ensemble de l'argumentation de cet écrit haineux et souvent inexact, relevons ce qu'il dit de l'origine des Lorrains et des Alsaciens. Ils sont gaulois au fond de leur être : « Si le peuple lorrain n'était pas radicalement gaulois, l'idiome germanique eût débordé par les cimes, envahi les pentes, les bassins, les cantons de l'Est et les plaines voisines ».

L'Alsace n'est pas non plus « une province germanique dans le sens rigoureux du terme ». L'auteur se réfère à Jules César pour lequel la Gaule va jusqu'au Rhin. Les Alsaciens étaient donc, à cette époque, des Gaulois. Ce n'est que plus tard que se produisit l'invasion des Germains. Les Alsaciens sont donc tout au plus une « race mixte ».

Le thème de l'Alsace celtique est présent tout au long des années postérieures. Ainsi Victor-Eugène Ardouin-Dumazet écrit en 1907 : « En dépit de la langue allemande, en dépit des efforts de la science germanique, l'Alsace dans ses origines reculées était terre celtique. Au-delà du Rhin seulement commençait la Germanie ; jusqu'aux invasions qui firent disparaître la puissance romaine, tout ce pays était peuplé de tribus gauloises, les envahisseurs venus de l'autre côté du fleuve ont pu recouvrir la race primitive sous leur flot et lui imposer un de leurs idiomes, ils ne furent que des conquérants. La terre d'Alsace resta gauloise, et c'est peut-être à des affinités mystérieuses, à ces sentiments confus d'appartenir au même rameau ethnique, qu'il faut attribuer le patriotisme français, que trente-cinq ans de conquête allemande nouvelle n'ont pu détruire, ni même atténuer. »[90]

D'autres auteurs s'expriment dans le même sens. Ainsi, selon Laurence Turetti, « René Bazin observe que 70 % des Alsaciens sont bruns, c'est-à-dire d'ascendance celte, et 30 % seulement sont blonds, c'est-à-dire “germains” ».[91] Dans son *Histoire d'Alsace racontée aux petits enfants d'Alsace et de France*,[92] Hansi affirme que « [les Alsaciens] faisaient partie du grand peuple gaulois ou celtique qui habitait la France d'aujourd'hui ». Hansi les oppose aux « Germains qui habitaient de l'autre côté du Rhin, c'étaient des sauvages ». Quand le Rhin, une frontière naturelle et le plus souvent infranchissable, était gelé, ces sauvages envahissaient l'Alsace et la dévastaient, ce qui explique la haine séculaire, et encore perceptible aujourd'hui, des Alsaciens à leur égard. Hansi fait l'éloge de la domination romaine qui fut légère. Elle respectait l'autonomie et les libertés régionales et fut un grand bienfait pour la civilisation et la vie sociale en Alsace. Mais les barbares venus de l'autre côté du Rhin finirent par s'implanter en Alsace et cela ne contribua pas au bien-être des Alsaciens, car « tout ce qui, dans le cours des âges, est arrivé en Alsace, de malheureux, de mauvais et de laid, tout cela est venu d'Outre-Rhin ». L'ouvrage mêle constamment le récit historique et des allusions critiques à l'Alsace devenue allemande en 1870.

Du côté allemand, on va s'opposer énergiquement à la conception du substrat celtique de l'Alsace. C'est en particulier la démarche de Heinrich von Sybel, dans un essai intitulé *Les droits de l'Allemagne sur l'Alsace-Lorraine*, [93] paru en 1871 et traduit en français la même année. Se référant en particulier à Wimpheling, Sybel se fonde sur la rareté des noms de lieux d'origine romane ou gauloise pour relativiser, voire nier la portée de l'origine celtique des Alsaciens. Sybel va jusqu'à voir dans l'attachement patriotique des Alsaciens à la France la preuve de leur ethnicité (*Volkstum*) allemande. « Mais, écrit-il, nous mettons notre espoir dans la force de la nature qu'on peut détourner pour un temps dans des canaux artificiels, mais qui après la destruction des digues agira de toute la force du courant. »

Un autre auteur allemand, Franz von Löher, croit discerner partout, y compris sous des noms de lieux tels que « Créhange, Morhange, Fénétrange, Gavisse et Sengebouse », bref, « sous tout ce qui y crie et s'agite en français, un solide soubassement allemand ».[94]

En 1900, Werner Wittich écrit que la population alsacienne est « de race alémanique, mais fortement mélangée avec une population primitive celtique-romaine, qui était établie [dans la région] avant l'immigration des Alamans. [...] À la différence de la population purement celtique de certaines vallées des Hautes Vosges, les traits physiques, la langue et les mœurs des autres habitants de la région montrent une prépondérance importante de l'élément allemand dans la masse de la population. [...] Les types blonds et bruns ainsi que leurs formes mélangées sont répartis de manière à peu près égale. »[95]

De 1870 jusqu'à la Première Guerre mondiale, les controverses ont continué à porter sur les noms de lieux.[96] Du côté allemand, c'était, selon l'expression de M. Haubrichs, « l'heure des archivistes » de Metz, Strasbourg et Colmar – tels que Hans Witte et plus tard Georg Wolfram. D'après eux, l'étude des noms de lieux prouvait l'ancienneté et la force de l'élément germanique dans l'histoire de l'Alsace.

Dès cette époque, certains veulent appliquer la crâniométrie à la population alsacienne pour prouver que les Alsaciens étaient des Germains. Dans une pièce de 1906, *D'r Hoflieferant*, [97] Gustave Stoskopf s'en moque avec beaucoup de verve. Il met en scène le professeur Kneppchen qui prend le contre-pied de cette tendance en montrant que « la moitié des Allemands sont des brachycéphales, c'est-à-dire des Gaulois », et la moitié des Français des dolichocéphales, c'est-à-dire des Germains ». Et l'un des principaux personnages de la pièce, Fritz Grinsinger, est horrifié quand il apprend par son fils qu'il aurait un crâne typiquement allemand. De son côté, un patriote saxon allemand, Karl Gauthier, clame son indignation quand on l'informe que son crâne est de type négroïde et relève des crânes du sud de la France.

Autour de la Première Guerre mondiale

En réaction aux interprétations allemandes, les historiens français, mais aussi des auteurs tels que Édouard Schuré, ont cherché à mettre en évidence le « substrat celtique » de l'Alsace. Dans une conférence prononcée en 1912 à Strasbourg, Camille Jullian, professeur au Collège de France, souligne « ce que l'Alsacien doit à la Gaule ».[98] Selon lui, « elle tient de la Gaule et non de la germanité ».

Dans son livre paru en 1919, *L'Alsace est française. Par ses origines, sa race, son passé*, Louis Batiffol veut montrer, lui aussi, que « le peuple alsacien est un peuple celtique, c'est-à-dire gaulois ». Dans les trois premiers chapitres de son ouvrage, l'auteur se réfère d'abord aux noms des montagnes, des rivières, des forêts et de groupements d'habitations d'origine celtique, tels que le Rhin, l'Ill, la Thur, la Lauch, le Donon, le nom primitif de Strasbourg : Argentoratum (forteresse d'un certain Arganto). Il affirme ensuite que le Rhin qui, jusqu'à la Révolution, ne comptait que deux ou trois passages de fortune « a été et demeure une frontière infranchissable ». Les grandes invasions germaniques se sont effectuées au nord et au sud de l'Alsace. En troisième lieu, les Alsaciens avaient part aux caractéristiques des Celtes : ils étaient agriculteurs, vivaient dans des villages, démocrates et paisibles, tout en sachant se battre. Les Germains, tout différents, étaient des chasseurs, nomades, peu paisibles et habitant des cavernes, guerriers dans l'âme. En quatrième lieu, l'auteur fait valoir qu'aucun document ne prouve que la population celte d'Alsace ait été expulsée ou détruite pour faire place à des peuples nomades de type germanique. Les Romains les ont protégés tant qu'ils ont pu face aux invasions. Et à l'époque mérovingienne et carolingienne, l'Alsace est demeurée telle qu'elle était auparavant. Quant aux Triboques, des Germains selon César, ils n'étaient pas présents en Alsace même au Ier siècle, mais plus au nord, entre Worms et Spire. L'auteur minimise autant qu'il le peut la réalité des invasions germaniques. Celles des IVe et Ve siècles, qu'il lui est difficile de nier, n'ont pas sérieusement ravagé l'Alsace ni expulsé la population celte. Des Romains continuent d'ailleurs d'habiter l'Alsace. Les Celtes étaient devenus des Gallo-Romains. Vers la fin du IIIe siècle, tout le monde parlait latin. Ce n'est pas la langue, d'ailleurs, qui fait la race d'un pays. Enfin, l'auteur n'hésite pas à se référer à la crâniométrie. À la différence des Germains et de leurs crânes allongés, les Celtes et les Alsaciens jusqu'à nos jours seraient brachycéphales. Bref, tout concorde, selon Batiffol, à prouver que les Alsaciens étaient et sont encore des Celtes, c'est-à-dire des Français et non des Germains. D'ailleurs, leur appartenance à la Gaule, c'est-à-dire à la France, a duré dix siècles, alors que l'appartenance à l'Empire germanique n'a duré que huit siècles. Après cette période, les Alsaciens se sont donnés librement à la France.

Nous aurons l'occasion de revenir, en conclusion et de manière critique, sur cette approche, plus apologétique qu'historique.

En 1920, un auteur mulhousien, Charles Rath, s'est efforcé de mettre en évidence le fond toponymique celte dans les noms de lieux en Alsace.[99] D'après lui, tous les toponymes alsaciens sont latins ou celtes. « La terminaison *-heim* ajoutée par les pangermanistes à deux cent cinquante de nos noms n'a aucune valeur ethnographique et cache beaucoup de mots celtes, latins et romains ». Il faut donc dire Videlsa plutôt que Wittelsheim. Les ajouts *-heim* et *-dorf* sont « un uniforme boche que nos édiles devraient supprimer ». Bref, « notre mentalité et nos noms géographiques préromains, latins et bas latins sont des preuves irréfutables de la survivance du peuple ».

Plus sérieuse était l'approche d'Anselme Laugel.[100] Par analogie à des noms de lieux d'origine celte, présents dans d'autres régions de France, l'auteur s'efforce de prouver l'origine celtique de toute une série de noms de lieux alsaciens ou lorrains. Mais ses hypothèses n'emportent pas toujours l'adhésion. Du côté allemand, de nombreuses études[101] ont été consacrées au sujet. Elles tendent souvent à minimiser le substrat gallo-romain de l'Alsace et à accentuer l'origine germanique des noms de lieux.

Les conflits entre la France et l'Allemagne ont idéologisé la recherche toponymique. Au lieu d'étudier sereinement et sérieusement, par des approches philologiques et historiques adéquates, les divers noms de lieux, on a voulu, surtout en temps de crise franco-allemande, instrumentaliser la recherche au service de l'une ou l'autre cause nationale. En fait, toutes les époques, temps préceltiques, époque gallo-romaine, puis la présence germanique, ont marqué la toponymie alsacienne, sans qu'il soit nécessaire d'opposer un apport à l'autre.[102]

Encore et toujours les Celtes...

On aurait pu penser qu'au vu des relations apaisées entre la France et l'Allemagne après 1945, on s'acheminait vers une approche commune de l'histoire de l'Alsace, qui ferait place aussi bien à l'apport gallo-romain qu'à l'apport germanique dans l'histoire de la province. Mais voici qu'en 1979 paraissait un nouvel essai pour minimiser l'apport germanique: *L'histoire secrète de l'Alsace*, de Paul Arnold. L'auteur s'en prend à la thèse historique, majoritaire selon lui, d'après laquelle les Alsaciens étaient des Germains auxquels se seraient mélangés de rares survivants gallo-romains. Pour lui, c'est l'inverse. Après avoir évoqué «l'axe de la celtique» et l'implantation des Celtes en Alsace, il expose les survivances gauloises dans la région, en particulier à travers deux tribus gauloises en Alsace, les Médiomatriques et les Triboques, en niant que ces derniers aient été des Germains. La première poussée germanique se produit avec Arioviste, mais elle est repoussée. Ce sera le temps de la romanisation. Selon Arnold, la présence latine aurait été plus accusée en Alsace que partout ailleurs en Gaule. La langue latine aurait été très diffusée. En abordant la période de l'Alsace mérovingienne, l'auteur reprend les thèses de Batiffol et son recours à la crâniométrie pour affirmer l'existence et la permanence d'une ethnie alsacienne. Même quelque peu métissés, les Celtes se distinguent à la fois des populations non indo-européennes antérieures et des Germains, parce qu'ils sont essentiellement brachycéphales, c'est-à-dire qu'ils ont des crânes courts. Les Germains sont à prédominance dolichocéphale, leurs crânes sont longs. Arnold ne va pas jusqu'à mesurer les crânes des Alsaciens d'aujourd'hui, mais il affirme que « les maîtres francs ou alémaniques ont dû se diluer dans une race à indice céphalique différent ». « Les Alamans ne sont pas le fond de l'ethnie alsacienne : ils s'y sont mêlés et s'y sont fondus, car ils n'étaient qu'une minorité qu'il serait imprudent de chiffrer mais qui n'a pu être beaucoup plus forte que l'apport franc, burgonde et wisigothique partout ailleurs en Gaule. Le sang et l'esprit gallo-romain n'ont pas tardé à reprendre le dessus, expliquant l'irrésistible hostilité que l'Alsacien éprouve instinctivement vis-à-vis du Germain, de celui qu'il traite dans l'hilarité de *Schwob* (Souabe) ».

Certes, le germanique s'est substitué au gallo-romain, mais, selon Arnold, le bilinguisme a perduré jusqu'au IXe siècle, voire au-delà. Il faut séparer davantage qu'on ne l'a fait jusqu'à présent « le parler alsacien des autres dialectes allemands ». « Tout se passe comme si le parler alsacien était du germanique façonné par des bouches gauloises, avec des mutations phonétiques voisines de celles qui ont formé notre langue française à partir du latin de cette époque ». L'auteur ajoute prudemment que « ce n'est pour l'instant qu'une suggestion qu'il serait urgent de vérifier ». Mais l'ouvrage a fait long feu.

Des historiens actuels, en particulier les archéologues, s'efforcent de retrouver les traces, en Alsace, des premiers habitants, puis des Celtes, des Romains et des Germains. Mais le temps n'est plus où leurs découvertes, thèses et hypothèses doivent servir à fonder l'identité des Alsaciens d'aujourd'hui. Les limites d'une telle entreprise sont devenues évidentes. Les Celtes ne se trouvaient pas seulement en

France et en Alsace, mais dans toute l'Europe. Les Français d'aujourd'hui ne remontent pas seulement aux Celtes[103]. Il faudrait évoquer l'apport des Francs et d'autres tribus germaniques, sans oublier les Normands ou d'autres envahisseurs. D'un autre côté, les Allemands d'aujourd'hui ne descendent pas tous des Germains. Il n'est pas possible de négliger les mélanges de populations. Ils ont tout particulièrement marqué une terre de passage et d'immigration comme l'Alsace. Il n'y eut pas seulement les Celtes et les Germains, mais des Suisses, des Bavarois et des Autrichiens (après la guerre de Trente Ans) et, à l'époque contemporaine, des Polonais, des Italiens, des Turcs et des Maghrébins.

Il est donc illusoire de vouloir établir une « ethnie alsacienne » et de fonder l'identité alsacienne d'aujourd'hui sur telle ethnie ou sur une période de l'histoire plutôt que sur une autre. C'est l'ensemble de son devenir historique qu'il faut prendre en considération pour comprendre ce qu'elle est dans sa diversité. Mais c'est aussi la volonté de ses habitants aujourd'hui, et pas seulement l'héritage de l'histoire, qui compte pour définir une identité.

CHAPITRE IV

L'identité aliénée

Il est arrivé tout au long des siècles, plus ou moins selon les époques, que les identités particulières présentes en Alsace fussent opprimées. C'était le cas pour les identités religieuses, mais aussi pour les identités culturelles et linguistiques. L'oppression visait soit tel type d'appartenance religieuse, soit l'usage de l'une ou l'autre langue, ou elle restreignait l'une ou l'autre liberté sociale ou politique.

L'oppression des juifs

Au Moyen Âge, les juifs furent, à plusieurs reprises, durement persécutés. La première persécution intervint à Wissembourg en 1270, où un certain nombre d'entre eux furent accusés de « meurtre rituel » d'un petit enfant, et livrés aux flammes. Dans diverses villes, les juifs furent, par la suite, les victimes des bandes armées de l'aubergiste Zimmerlin, surnommé « König Armleder ». Mais c'est à Strasbourg, où une communauté juive est attestée depuis 1146, que l'extermination des juifs prit en 1349 les plus grandes proportions. Accusés d'être à l'origine de la peste noire, et après que le Magistrat en place, qui leur était favorable, eut été destitué, plus de deux mille juifs, selon une chronique de l'époque, périrent sur le bûcher.[104] Seuls ceux qui acceptèrent de se faire baptiser, furent épargnés.

Des massacres analogues eurent lieu à la même époque à Benfeld, Sélestat, Molsheim, Lauterbourg, Obernai, Wissembourg, Colmar. Les survivants trouvèrent refuge dans quelques rares villages et bourgs de la campagne alsacienne ou dans des villes de l'espace rhénan.[105]

Pressions exercées sur les fidèles de l'Église romaine et sur les dissidents protestants

Au XVIe siècle, ce furent avant tout des raisons religieuses qui poussèrent les uns et les autres à réprimer les idées et les personnes dont l'identité différait de l'identité officielle, adoptée par la majorité de la population et (ou) les autorités civiles.[106]

Quand, sous l'effet de la poussée de la base, enflammée par les prédicateurs évangéliques, la ville de Strasbourg passa au protestantisme dans les années 1520, officiellement en 1529 quand la messe fut abolie, les institutions et pratiques de l'Église traditionnelle furent déclarées hors la loi[107].

Le Magistrat poussa à la dissolution des couvents, en demandant aux pasteurs protestants de prêcher dans certains couvents pour convaincre les moines ou les moniales de les quitter.

Les pressions émanèrent aussi des parents de moniales. On a conservé le compte-rendu émouvant d'une rencontre entre Nicolas Kniebs, un des sénateurs de la ville, avec sa fille[108] âgée de quatorze ans, novice au couvent de Saint-Nicolas-aux-Ondes. Le 22 juin 1522, il lui ordonna de quitter le couvent. Finalement, au vu du refus de la fille, il finit par la retirer d'autorité le 23 novembre, suivi par un autre membre du Magistrat, Jacques Spender.

Après la suppression des dernières messes en 1529, les autorités interdirent également aux Strasbourgeois de se rendre dans les villages environnants pour assister à une messe. Les pressions sur la minorité strasbourgeoise attachée au culte traditionnel ne se relâchèrent pas tout au long du siècle.[109]

Dans les années 1540, les catholiques retrouvent un peu d'espace. En effet, après l'échec des colloques destinés à rétablir l'unité religieuse de l'Empire, dont Strasbourg faisait partie, l'empereur Charles-Quint recourut à la force. Il soumit d'abord les territoires et les villes du sud-ouest de l'Empire, dont Strasbourg, puis remporta une victoire décisive contre les princes protestants en 1547. Dès lors, les Strasbourgeois durent traiter avec lui. En 1548, la ville dut se résoudre à rendre la cathédrale au culte catholique. Mais dix ans plus tard, la pression de la populace, conjuguée aux atermoiements du Magistrat, entraîna la restitution de l'édifice aux protestants. En d'autres lieux, en particulier dans les territoires relevant des Habsbourg, de l'évêque ou des grands monastères, le mouvement inverse se fit jour. Les «luthériens» ou «évangéliques» y furent opprimés, voire rejetés de bien des manières.

Dans l'espace protestant, des divisions se firent jour. Les anabaptistes et d'autres dissidents furent opprimés, en général expulsés de la ville de Strasbourg, alors qu'ailleurs ils étaient souvent exécutés.[110] Dans la seconde moitié du siècle, une ligne luthérienne dure s'imposa dans la ville. Celle-ci entraîna la fermeture, en 1563, de la paroisse réformée qui, sous l'égide de Calvin, avait été créée en 1548. Jusqu'à la veille de la Révolution française, le culte réformé restera interdit.

Au XVIe siècle, la tolérance est un ingrédient rare, même si des lueurs apparaissent de ci de là, et que des hommes comme Castellion et la Strasbourgeoise Catherine Zell[111] élèvent la voix en sa faveur.

Les autorités françaises et les protestants au XVIIe siècle

Quand l'Alsace est rattachée au Royaume de France au XVIIe siècle, elle est considérée comme « une province à l'instar de l'étranger », au bénéfice des traités de Westphalie qui maintenaient le statu quo confessionnel. Pourtant, toutes sortes de pressions, qui connurent leur apogée entre 1680 et 1685, furent mises en œuvre pour ramener les protestants d'Alsace dans le giron de l'Église romaine.[112] Un édit de novembre 1680 interdisait les unions entre catholiques et « hérétiques ». L'ordonnance du 17 juin 1681, non enregistrée au Conseil souverain d'Alsace, mais néanmoins appliquée, autorisait les enfants à se convertir au catholicisme à partir de sept ans « sans que leurs pères et mères ou autres parents puissent donner aucun empêchement, sous quelque prétexte que ce soit ». L'édit de Compiègne de 1683, enregistré par le Conseil souverain, interdisait aux ministres de la « religion prétendue réformée » d'accueillir un catholique dans leurs temples ou d'admettre les « nouveaux convertis » repentants. En 1688 était interdit le vicariat protestant, en cas d'absence prolongée ou de maladie du pasteur, ou en cas de suppression d'une paroisse.

Sur le plan proprement institutionnel, trois mesures auront une portée considérable. Vers 1685 est introduit le *simultaneum*, qui donnait aux catholiques le chœur de l'église dans les villages où il y avait au moins sept familles catholiques. Avec l'attribution du chœur était accordé aussi l'usage de la nef. De quarante églises à la fin du XVIIe siècle, le nombre augmenta considérablement au XVIIIe. À la même époque, entre 1683 et 1685, il fut décidé que les baillis, prévôts et greffiers devaient professer la foi catholique. Une troisième mesure introduisit, en 1687, la règle de l'alternance dans les villes protestantes : chaque charge devait être remplie alternativement par un protestant et par un catholique.

Par l'octroi d'avantages ou par l'intimidation, on fit pression sur les individus et sur les groupes pour les convertir au catholicisme. En 1683, les « nouveaux convertis » étaient exempts pendant trois ans de l'obligation de loger des gens de guerre. En 1685, ils recevaient un moratoire pour le paiement des dettes. Inversement, l'intimidation était pratiquée, en particulier par le logement de troupes. « Pour faire changer – comme on disait alors – les communes riveraines du Rhin, Offendorf, Herrlisheim, Rohrwiller et Drusenheim, en 1687, on accabla d'abord les habitants de lourdes corvées, puisqu'on les fit travailler aux redoutes du Rhin qu'ils durent garnir de fascines pendant que les troupes allemandes dirigeaient une violente canonnade sur les positions françaises ; on ne leur permit de quitter ce travail dangereux que lorsqu'ils eurent promis d'abjurer. »[113] Les jésuites, installés à Strasbourg et à Molsheim, déployaient une activité inlassable, en particulier dans les villages du Kochersberg, près de Strasbourg. Ainsi Woellenheim (1685), Hohatzenheim (1687), Landersheim (1688) redevinrent catholiques. Le logement de troupes a joué un rôle non négligeable. « Aus Furcht der Gefahr schwerer Einquartierung » (par peur de devoir loger la soldatesque), disent les « nouveaux convertis ». En tout, une trentaine de localités sont ainsi redevenues catholiques. La lutte contre les protestants passa aussi par l'intimidation des pasteurs, voire l'emprisonnement ou l'expulsion de certains d'entre eux. « La moindre tentative de répondre ou de résister aux agissements des prêtres et moines qui pénétraient dans les paroisses et les temples était qualifiée de résistance aux autorités et d'insulte à la religion. Le pasteur de Neuwiller, dans le comté de Hanau, fut destitué pour avoir dit en chaire qu'il fallait célébrer la cène sous les deux espèces parce que Jésus Christ l'avait instituée de cette manière. »[114]

Dans le comté de Saarwerden, les pressions des autorités françaises, puis palatines, s'efforcèrent de ramener les fidèles dans le giron de l'Église romaine, les pasteurs ayant été expulsés.[115]

Au XVIIIe siècle, la politique de contrainte s'est, dans l'ensemble, atténuée. Pourtant, pendant des décennies, les réformés d'Oberseebach furent soumis aux pressions conjuguées des autorités françaises et de celles du Palatinat[116] pour qu'ils abandonnent leur foi protestante. Afin de limiter l'influence de l'Allemagne, un édit du ministre Le Blanc étendit aux pasteurs la règle, déjà adoptée pour le clergé catholique en 1681, selon laquelle tous les ministres du culte devaient être des ressortissants français.

Pressions politiques et linguistiques

L'oppression des identités ne se limite pas au plan religieux. L'organisation de l'Alsace en province française et son unification se firent par la création de nouvelles institutions, tel le Conseil souverain d'Alsace, et la mise en place d'un intendant, représentant du roi.[117] Les seigneuries en place ne furent pas supprimées et on ne porta pas atteinte à la langue ; certaines compétences des villes, de la Décapole par exemple, furent respectées ; les magistrats de ces villes furent contraints de prêter serment au roi. Les villes étaient soumises au contrôle d'un préteur royal, ce qui provoqua des tensions, voire des résistances, comme nous le verrons plus loin à propos de la ville de Munster.

En ce qui concerne la langue, l'effort pour imposer le français resta modéré sous la monarchie. Certes, selon un arrêt du Conseil d'État du 30 janvier 1685, la langue française devait être utilisée pour la rédaction des documents officiels à caractère juridique. Cet arrêt suscita la protestation du Magistrat de Strasbourg, qui fit valoir que l'acte de capitulation de 1681 respectait le droit de la ville à utiliser l'allemand. La langue administrative resta donc l'allemand pour Strasbourg et les autres anciennes villes impériales, les petites juridictions, les écoles protestantes et l'Université, où l'enseignement continua à se faire le plus souvent en latin.

Des voix officielles se font entendre cependant pour répandre l'usage de la langue française. L'intendant De La Grange estime que celle-ci va devenir rapidement la langue commune de la province. Selon d'Angervilliers, autre intendant, qui s'exprime à ce sujet en 1727, « [il faut] extirper l'usage de la langue allemande. La langue allemande est ce qu'il y a de plus essentiel à détruire, c'est par là qu'il faut commencer ».

En fait, la langue allemande continue d'être pratiquée en Alsace. C'est avec la Révolution qu'elle commence à être menacée.

De la Révolution à 1939 : des réticences face à l'alsacien et à l'allemand

La Révolution française fut saluée dans un premier temps avec enthousiasme. Le mot magique de « liberté » enflamma les esprits. Mais la phase plus radicale allait refroidir les ardeurs. D'autant plus que les révolutionnaires ne s'en prirent pas seulement à la religion – toutes les églises de Strasbourg furent fermées à l'automne 1793 –, mais aussi à la langue et à l'habillement « allemand » des Strasbourgeois[118]. « La langue d'un peuple libre ne peut être que la même pour tous », déclarait le député Barère en 1794 à la Convention. Selon lui, les autres langues, dont l'allemand, étaient incompatibles avec la Révolution. « Les émigrés et la haine de la République parlent allemand », tel était le mot d'ordre. Monet, maire de Strasbourg originaire de Savoie, proposa de déporter dans d'autres provinces ceux « qui ne connaissent pas la langue française et que leur idiome isole du reste de la République ». Les révolutionnaires tels Saint-Just et Lebas ne s'opposaient pas seulement à la langue, mais aussi à l'habillement « allemand » des Strasbourgeois. Ceux-ci furent incités à changer leur manière de s'habiller, maintenant que leurs cœurs battaient français.

En 1800, sous le Consulat, Lucien Bonaparte, ministre de l'Intérieur, demanda au préfet du Bas-Rhin, dans un post-scriptum écrit de main propre : « l'usage de la langue allemande, y a-t-il quelque chose à faire pour la détruire ? »

Tout au long du XIXe siècle, mais surtout après 1830, on cherche à imposer la langue française aux Alsaciens qui la maîtrisent mal, puis, après 1870, à imposer l'allemand, souvent aux dépens de l'autre langue.[119]

À partir de 1853, le français devint la langue utilisée à l'école élémentaire ; l'allemand était enseigné pendant trente-cinq minutes par jour, sur la base du volontariat. En 1859, le recteur Delcasso écrit : « Si, pour une raison ou pour une autre, le nombre d'heures doit être réduit, c'est l'heure d'allemand qui sera supprimée ».

À partir de 1870, la même tendance, simplement inversée, se fit jour. Un décret du 29 mars 1871 remplaça le français par l'allemand dans les écoles élémentaires des régions dialectophones. Le français était enseigné quatre heures par semaine dans les classes intermédiaires et supérieures. En 1887-1888, le français disparut du programme des écoles élémentaires. Il fut interdit aux instituteurs de donner des cours privés en français. Dans les communes francophones, le programme prévoyait sept heures de français et neuf heures d'allemand dans les petites classes, trois heures de français et treize heures d'allemand dans les classes moyennes, deux heures de français et douze heures d'allemand dans les classes supérieures.

En 1918, des instituteurs alsaciens furent renvoyés ou expédiés en « France de l'intérieur » pour une reconversion. M. Coulet, le premier recteur de l'académie de Strasbourg, déclare en 1918 : « L'école a le devoir de veiller à ce que les enfants oublient chaque jour un mot d'allemand et apprennent à la place un nouveau mot de français ». Mais au vu de la résistance de la population et de l'émergence du mouvement régionaliste et autonomiste, la circulaire Charléty réintroduit en 1920 un enseignement de l'allemand en quatrième année de l'école primaire. En octobre de la même année, cet enseignement sera donné dès la troisième année scolaire à raison de trois heures par semaine.

La circulaire Poincaré-Pfister prévoit en 1927 trois heures hebdomadaires d'allemand à partir du deuxième trimestre de la deuxième année scolaire, comme matière obligatoire. Les quatre heures d'enseignement religieux purent continuer à se faire en allemand. En 1924, le gouvernement français envisagea de supprimer le statut local, en particulier le Concordat et les Articles Organiques qui organisaient depuis 1801-1802 les relations des Églises catholique et protestantes avec l'État, et, depuis 1808, celles des juifs. Ce projet n'aboutit pas.

L'oppression nazie et la persécution des juifs entre 1940 et 1945

Ce régime essaya avec une détermination particulière d'enrayer tout ce qui, de par l'histoire, rappelait l'appartenance française : « Raus mit dem welschen Plunder » (« dehors, la camelote welche ») ! Quarante-cinq mille Alsaciens accusés de « francophilie » furent expulsés. Même le béret fut interdit ! Les noms de famille à consonance française furent germanisés ou simplement remplacés : ainsi la famille Guerrier dut changer son patronyme, comme beaucoup d'autres. De même pour les prénoms, ce qui donna parfois des résultats amusants : un certain Roger Schwob s'appela dorénavant « Rüdiger Schwob », ce qui en alsacien signifie « boche teigneux »... Quant aux noms de rues, la rue du Sauvage à Mulhouse s'appela désormais « Adolf Hitler-Straße » : on imagine aisément la réaction hilare des habitants...

Non seulement le français fut évincé, mais même l'alsacien était mal vu. Le Gauleiter Wagner qui dirigeait l'Alsace et le pays de Bade écrivit : « Les dialectes sont des obstacles au développement de nos peuples vers l'unité de la nation. C'est pourquoi un but du Reich doit être aussi l'unité de la langue ». Rappelons que le régime nazi a introduit la séparation de l'Église et de l'État, et, de bien des manières, a manifesté son hostilité à l'égard des Églises.[120]

Dès avant 1940, une montée de l'antisémitisme – une de plus – se manifeste en Alsace. L'urbanisation des juifs s'était accrue après 1918 : en 1931, 84 % de la population juive était urbanisée, dont 57 % à Strasbourg. L'urbanisation accélérait l'assimilation. Bien des juifs renoncèrent à la pratique des lois alimentaires et à l'observance du shabbat. Mais cela n'entrava pas l'antisémitisme à partir de 1930. Nourri par la crise économique, propagé par les mouvements d'extrême droite et la propagande nazie, l'antisémitisme accusait les juifs de comploter, en particulier de vouloir porter atteinte au statut scolaire. L'arrivée de réfugiés juifs en provenance d'outre Rhin alimenta le phénomène de rejet.

L'évacuation de 1939 toucha aussi les juifs de Strasbourg et ceux des villages et petites villes de la zone frontalière. Selon une évaluation de 1940, «les deux tiers du judaïsme alsacien furent ainsi évacués».[121] En mai et juin 1940, d'autres suivirent avant l'arrivée des troupes allemandes. Ceux qui, faute de moyens, étaient restés en Alsace, subirent les vexations et l'opprobre qu'avaient connus les juifs allemands lors de la Nuit de cristal en 1938. Bien que tout ne nous ait pas été transmis, des scènes humiliantes sont attestées, tel le rassemblement des hommes de la communauté juive de Mulhouse dans la cour de la synagogue, munis d'une pelle, d'une pioche ou d'un balai: «Ils durent se couper mutuellement les cheveux et crier devant la foule: "Nous les juifs, nous sommes responsables de la guerre"».[122] Selon Léon Strauss, «plus de 3000 juifs alsaciens, 2255 selon un recensement du 22 avril 1941 (et non plus 20000, chiffre cité par le Gauleiter Wagner, et souvent accepté) furent expulsés vers la zone non occupée».[123]

Si le vandalisme à l'égard des synagogues ne fut pas systématique et que des rouleaux de Torah et des livres de prière refirent surface en 1945, les confiscations des biens juifs et les destructions de synagogues se multiplièrent.

«L'Alsace devait être définitivement "purifiée", non seulement de toute population juive, mais de toute trace de la présence millénaire des juifs. Il fallait faire disparaître des villes et des campagnes les édifices de culte et même les cimetières. On s'attela d'abord à la destruction des synagogues. Le 12 septembre 1940, un commando de la Hitlerjugend, composé en partie du moins d'Alsaciens, mit le feu au grand temple consistorial du quai Kléber [à Strasbourg]. Les synagogues de Grussenheim, de Hattstatt, de Biesheim, de Wissembourg furent complètement détruites. D'autres furent pillées et gravement endommagées. Celle de Schirmeck servit d'écurie, les murs intérieurs et les planchers furent arrachés, les inscriptions hébraïques ou françaises martelées. Quelques cimetières furent saccagés, ainsi celui de Colmar, où de nombreuses tombes furent enlevées pour servir au pavage des rues ou à la construction de barrages antichars. Les destructions auraient été dans plusieurs cas l'œuvre de la population locale, ainsi à la synagogue de Bouxwiller ou au cimetière d'Ettendorf. »[124]

Un certain nombre de juifs expulsés ou réfugiés en France connurent le sort tragique de la déportation. Beaucoup ne revinrent pas en Alsace en 1945. Tous croyaient, avant 1940, être bien intégrés dans une région. Voilà qu'ils devaient à nouveau vivre la dure condition du juif errant et rejeté qu'avaient connue leurs ancêtres.

Le bilinguisme en question

À partir de 1945, c'est l'enseignement de l'allemand qui fut suspendu dans les écoles par le recteur de l'académie de Strasbourg.[125] Ce n'est que huit ans plus tard qu'il fut rétabli, d'abord sous forme réduite. En janvier 1953, on demanda aux instituteurs s'ils acceptaient d'enseigner l'allemand. Des pressions s'exercèrent, en particulier de la part des syndicats, pour les inciter à refuser. Dans le Bas-Rhin cependant, la moitié des instituteurs donna une réponse positive, 38 % dans le Haut-Rhin.

Les instructions données par les autorités scolaires au sujet de la mise en pratique de l'enseignement de l'allemand sont étonnantes :

Circulaire du 21 mars 1953 (Organisation des leçons): «Les leçons se dérouleront suivant le plan suivant: 8 à 10 lignes de texte allemand concernant la vie française et se rapportant si possible au centre d'intérêt de la semaine sont copiées au tableau. La lecture de ce texte par le maître et par les élèves aura lieu pendant 10 minutes. Les 50 minutes restantes seront consacrées à la traduction en bon français du texte. Cette traduction s'efforcera de serrer le sens du texte aussi près que possible, tout en éliminant les germanismes. Il conviendra de rechercher les équivalents français avec le plus grand soin et d'attirer l'attention des élèves sur les gallicismes qu'ils doivent connaître et employer. La leçon se terminera par la copie du texte en français ainsi établi avec la participation active des élèves; il est bien entendu que la langue d'usage au cours de ces leçons sera le français.»

Une autre circulaire (16 décembre 1953) précise que «les heures d'allemand devront être placées en fin de journée», que «l'achat du livre d'allemand n'est autorisé que si les élèves sont munis "en priorité" des livres suivants: morceaux choisis de lecture, livre de lecture suivie, grammaire, vocabulaire, histoire, géographie, arithmétique, livre de sciences». Et avant d'acheter le livre d'allemand, les instituteurs devront communiquer à l'inspecteur la liste des livres possédés par les élèves et attendre l'autorisation d'achat. L'inspecteur insistait le 20 novembre 1954 en écrivant ceci: «Je crois utile de préciser que je n'autorise pas l'étude de récitations en langue allemande, non plus que le chant (qu'il s'agisse de chants populaires ou de chants religieux)».[126]

L'usage de l'alsacien, y compris lors de la récréation, était interdit. Des élèves ont été punis pour ce motif. Le fait, minimisé voire nié aujourd'hui, est cependant attesté par de nombreux témoignages. En 1971 encore, le règlement intérieur du CES de Truchtersheim précise à l'article 5 que « le français seul doit être la langue usuelle de tous les élèves, aussi bien dans leurs jeux que dans leurs conversations, dans la cour, comme à l'intérieur des bâtiments ou dans les cars de ramassage scolaire ».[127]

Au sortir de la guerre, la répression de l'allemand et de l'alsacien, amalgamés plus ou moins consciemment avec le régime national-socialiste et l'occupation allemande entre 1940 et 1945, s'effectua non seulement à l'école, mais dans le domaine public en général. Comme dans les écoles, on pouvait lire dans les trams de Strasbourg et dans beaucoup de mairies une affiche : « C'est chic de parler français ». Le dialecte était frappé d'indignité. Un arrêté régional du 1er septembre 1945 interdisait les publications en langue allemande. Seules les publications bilingues étaient autorisées, à condition d'avoir un titre en français et de ne pas comporter de sous-titres en allemand. La partie rédactionnelle et publicitaire devait être rédigée au moins pour un quart en français. C'était le cas aussi pour la moitié des rubriques sportives et pour la totalité des articles destinés à la jeunesse. D'après l'ordonnance du 13 septembre 1945, « tous les textes publicitaires, les rubriques sportives et les articles destinés à la jeunesse doivent être intégralement rédigés en français ».

CHAPITRE V

Mémoires et mentalités : les Alsaciens et leur histoire

Nous avons évoqué l'histoire mouvementée de la région, les changements politiques et culturels auxquels furent soumis ses habitants. Beaucoup d'Alsaciens en ont été marqués durablement, du moins ceux qui sont nés dans la région et qui y ont passé l'essentiel de leur vie.

Émigration[128]

De tout temps, l'émigration a été l'une des manières dont les Alsaciens ont réagi face aux difficultés en tout genre qui ont pesé sur leur existence ou sur leurs convictions. Les raisons furent donc diverses : culturelles et politiques, économiques et religieuses. Donnons quelques exemples.[129]

Environ trois cents familles quittent Strasbourg, pour l'essentiel au moment du traité de Ryswick, quand la souveraineté française sur la région est devenue définitive. Dans la seconde moitié du XVIIIe siècle s'amorce un flux d'émigration continu qui émane des campagnes surpeuplées aux ressources agricoles insuffisantes. Quelque 3 600 personnes se rendent ainsi au Banat dans les Balkans entre 1752 et 1788. Ils sont 600 à gagner la Galicie entre 1782 et 1786.

Au moment de la Révolution française, quand les troupes autrichiennes quittent l'Alsace en 1792, la « grande peur » s'empare de quelque 30 000 Alsaciens, dont près de 1 380 prêtres, et les pousse à s'expatrier. Mais la plupart reviennent par la suite. De 1803 à 1820, des Alsaciens, surtout issus de l'Alsace du nord, quittent la région pour le Banat et la Russie. Les facteurs économiques renforcent le mouvement. Les départs affectent surtout les petits paysans et les ouvriers agricoles qui souffrent particulièrement du manque de terre. D'autres encore, parmi les artisans, voulurent éviter le service militaire de sept ans auquel ils risquaient d'être soumis s'ils tiraient le mauvais numéro. Des pics d'émigration sont atteints en 1817 et puis de 1845 à 1847 à cause des crises agricoles. Les destinations sont diverses : beaucoup gagnent la capitale, d'autres s'expatrient en Russie ou en Amérique. 20 % des paroissiens protestants de Neuwiller-lès-Saverne ont émigré entre 1840 et 1853. L'émigration continue encore sous le Second Empire. En 1853, 40 personnes sur 778 habitants quittent Dossenheim-sur-Zinzel, une trentaine sur 560 abandonnent Waltenheim en 1857.

Après le rattachement de l'Alsace à l'Allemagne en 1871, de nombreux habitants quittent le pays pour des raisons politiques.[130] Le traité de Francfort du 10 mai 1871 les y autorisait si le départ s'effectuait avant le 1er octobre 1872. Il y eut encore d'autres départs par la suite, tel celui de l'historien Rodolphe Reuss. L'historiographie plus ancienne estimait que le chiffre des optants dépassait les cent mille, ce qui est exact pour ceux qui sont partis en un premier temps. Mais certains d'entre eux sont revenus par la suite. Les départs définitifs se chiffrent plutôt à cinquante mille, c'est-à-dire 6,5 % de la population, en affectant non seulement des notables, des intellectuels ou des personnes exerçant des professions libérales, mais aussi des jeunes craignant le service militaire prussien.

Après la fin de la Première Guerre mondiale, quelque cent trente mille Allemands sont expulsés de la région.[131] De leur propre gré ou contraints, près de soixante-dix pasteurs protestants sur trois cents quittent l'Alsace pour s'établir en Allemagne.

Déstabilisation et outrances dans les rapports avec la France et l'Allemagne

Chez ceux qui n'ont pas émigré, c'est-à-dire l'immense majorité, les changements politiques et culturels auxquels ils ont été soumis aux XIXe et XXe siècles, qui se sont bien souvent effectués sous la contrainte, ont suscité des attitudes typiques, transmises à travers les temps. Celles-ci étaient imposées ou constituaient une réaction des Alsaciens à ce qui leur arrivait. Après chaque changement de régime, la haine de l'Allemagne ou de la France leur était recommandée. « Les Alsaciens ont été traités comme les enfants de certains couples après un divorce haineux : on leur a dit du mal de l'autre. »[132]

Le changement une fois intervenu, les Alsaciens se sont le plus souvent efforcés de s'adapter et de plaire aux nouvelles autorités politiques. Voici comment s'exprime André Weckmann à ce sujet : « Et moi je te dis que l'Alsace est une putain qui sait s'adapter au "Prosper" du moment. Et tu ne l'auras jamais vue sur son trottoir sans son parapluie ouvert. Elle est incapable d'affronter nue le soleil ou la pluie. Elle ne prendra jamais la responsabilité d'être aux yeux du monde ce qu'elle est, c'est-à-dire une jolie fille majeure.

Et pour faire l'amour, elle s'abrite sous son parapluie bleu-blanc-rouge ou non-bleu-blanc-rouge selon le temps qu'il fait. »[133]

Conscients d'être considérés malgré tout par les nouveaux maîtres avec une certaine méfiance, ils ont fréquemment fait de la surenchère patriotique. Le besoin de reconnaissance se manifestait de façon lancinante. Au point qu'on a pu comparer leur attitude à celle d'un enfant illégitime qui cherche à être reconnu. Ce besoin de reconnaissance explique aussi leur attitude après 1945 : les Alsaciens étaient prêts, en majorité, à renoncer au caractère propre de la région et au dialecte pour être mieux vus de leurs concitoyens français. Dans un des spectacles de son cabaret *Le Barabli*, Germain Muller a comparé les Alsaciens à un thermostat : comme un thermostat fonctionne selon la température ambiante, de même les Alsaciens se règlent selon les circonstances et les tendances du moment.

On attire aussi l'attention sur la réaction des classes moyennes qui, pour s'élever dans l'échelle sociale, s'efforcent de parler la langue officielle et renoncent au dialecte moins coté. Aujourd'hui, le bilinguisme, le dialecte et la culture alsacienne sont valorisés davantage par certains milieux de la bourgeoisie cultivée.

Comment les Alsaciens se sont-ils comportés quand ils souffraient d'oppression culturelle ou politique ? En Tyrol du Sud, on parle de *Verelsässerung*, c'est-à-dire d'« alsacianisation », lorsqu'une personne ou un groupe s'adapte trop vite à ceux qui détiennent le pouvoir. On oublie dans ce cas précis que les Alsaciens font partie du Royaume de France depuis le XVIIe siècle, alors que le Tyrol du Sud n'est venu à l'Italie qu'en 1918.

Réserve et retenue

L'histoire a souvent déstabilisé les Alsaciens. Elle leur a imposé une certaine retenue. Ils se méfient de la nouveauté. Le proverbe *Was de Bür nit kennt, fresst er nit* (ce que le paysan ne connaît pas, il ne le mange pas) exprime bien cette méfiance. Ils ont aussi appris à ne pas s'exprimer de manière spontanée, que ce soit en politique ou en religion. « Mon pays, écrit Charlotte Herfray, est traversé d'une tradition du secret qui rappelle qu'il peut être dangereux de se dévoiler et qu'il est prudent de refouler au coin le plus secret de sa mémoire la vérité qui nous blesse et les blessures invisibles qui sont ainsi, trop souvent, devenues des “cadavres dans le placard” de notre mémoire. C'est ce dont souffrent beaucoup d'habitants de mon pays. C'est peut-être l'évitement de thèmes qui pourraient être brûlants qui nous a conduits à adopter la règle du “plus petit dénominateur commun” dans les échanges sociaux. [...] Comme ça, au moins, on évite les fâcheries qui peuvent devenir des conflits et nourrir le “qu'en dira-t-on”. Car il faut rester discret sur ses pensées et toujours savoir quelle “chanson” il y a lieu de chanter. »[134]

Cette retenue, nous la retrouvons également quand il est question de religion. J'ai demandé un jour à un homme d'Alsace du nord pourquoi il allait si régulièrement au culte. J'attendais une confession de foi personnelle, mais la réponse fut : « On n'y entend rien de mal » !

Honte à cause de l'accent alsacien

Les Alsaciens qui parlent encore le dialecte, mais aussi ceux qui y ont renoncé, ont honte de leur accent, de leur prononciation particulière des consonnes (« Baris » pour « Paris », « che » pour « je ») et de leur accentuation de la première syllabe (nous márchons). De nombreuses histoires illustrent les quiproquos que cela a pu entraîner.

Au XIXe siècle, tel ministre d'origine alsacienne déclarait à la Chambre des députés: «Mes projets sont détruits»; mais son accent était tel que les députés hilares ont compris: «Mes brochets sont des truites». Tel autre Alsacien achète une grande quantité de dragées, comme on a l'habitude d'en distribuer lors d'un baptême. La vendeuse demande: «Vous êtes parrain, Monsieur?» Il répond: «Non, Haut-Rhin».

Dans leurs contacts avec les Allemands, les Alsaciens se rendent souvent compte, s'ils s'expriment en alsacien ou en allemand, qu'ils parlent une langue vieillie. Mais ils n'aiment pas que les Allemands ou les Autrichiens leur prêtent un langage digne du musée («*museumsreif*»).[135]

Résistance et protestation

Même si les Alsaciens d'aujourd'hui ne posent pas de bombes, en serrant plutôt «les poings dans leurs poches», il leur est arrivé dans le passé de résister avec force aux autorités. Au XVIe siècle, l'Alsace fut une des régions les plus touchées par la tragique et sanglante guerre des Paysans, qui a fait entre vingt et trente mille morts.[136]

Les résistances prirent encore d'autres formes. Elles furent religieuses comme dans le cas de ces moniales strasbourgeoises qui, à Sainte-Madeleine ou à Saint-Nicolas-aux-Ondes, refusèrent de quitter leur couvent après l'introduction de la Réforme protestante, malgré les supplications de leurs proches ou les pressions des autorités de la ville.[137] Au XVIIe siècle, la figure emblématique de la résistance protestante face à Louis XIV fut celle de l'Ammeister strasbourgeois Dominique Dietrich.[138] Malgré tous les efforts déployés pour le convertir au catholicisme, il résista jusqu'au bout. Une résistance analogue s'exprima dans le comté de Saarwerden,[139] ou encore à Oberseebach[140] au XVIIIe siècle.

La résistance ne concerna pas seulement la religion. La mise en place de nouvelles institutions civiles en Alsace par la monarchie française suscita des résistances. Le cas le plus frappant fut celui de la seigneurie de Munster.[141] L'abbé de Munster exerçait des droits étendus. Mais les bourgeois étaient représentés dans le Conseil de la ville et leur autorité s'était accrue avec le temps. La nomination en 1717 d'un préteur royal suscita une première émeute. Le transfert des droits de la ville au préteur en 1736 se heurta encore à l'opposition des bourgeois. Quand les autorités portèrent atteinte en 1765 aux vieux privilèges de la ville, une délégation d'une centaine de membres fut envoyée à Paris pour protester. Les délégués furent interceptés en route, plusieurs d'entre eux furent condamnés aux galères, les autres ramenés de force à Munster. Une seconde délégation envoyée à Paris entraîna la modification de la constitution de Munster qui fit perdre à la ville les derniers restes de son indépendance. Quand il fut demandé aux bourgeois de Munster de prêter serment, les diverses communautés de la seigneurie résistèrent encore en 1775 et en 1777. Seule l'application de peines sévères parvint à briser la résistance.

Les mesures radicales prises à partir de 1793 et 1794 pour opprimer les Alsaciens se heurtèrent à la résistance de l'Église catholique, mais aussi de nombreux protestants. Lorsque l'Alsace devint allemande en 1870, il y eut l'émigration mais aussi la protestation. Les vingt-huit députés alsaciens et mosellans protestèrent d'abord à Bordeaux auprès du Parlement français, puis en 1874 au Reichstag contre l'annexion. L'introduction en décembre 1872 du service militaire obligatoire pour les Alsaciens et Lorrains suscita de nombreuses désertions. Encore vers 1879, un quart des quarante mille conscrits déserta. D'autres émigrèrent dans les décennies après 1870.

La résistance fut aussi le fait de certains milieux culturels et elle perdura jusqu'à la fin de la Première Guerre mondiale, avec, entre autres, l'abbé Wetterlé[142] qui était député, l'écrivain satirique Hansi[143] et des personnalités comme Henri Zislin[144], Pierre Bucher,[145] et le cercle réuni autour de la *Revue alsacienne illustrée*.

Entre 1870 et 1918, un débat opposa ceux qui avaient quitté l'Alsace et qui estimaient que c'était la seule attitude possible face à l' « annexion », et d'autres qui étaient d'avis que c'est en Alsace qu'il fallait résister à la germanisation. En 1901, ces derniers reçurent l'appui de Maurice Barrès. Dans son compte-rendu du roman *Les Oberlé*, on trouve cet accent nouveau et, à l'époque, presque sacrilège : « Jean Oberlé, généreux garçon que je salue avec respect, voulez-vous être un héros ? Ne quittez point l'Alsace [...]. Demeurez un caillou de France sous la botte de l'envahisseur. Subissez l'inévitable et maintenez ce qui ne meurt pas. »[146]

Par ailleurs, la population alsacienne s'était majoritairement adaptée lors de l'éclatement de la Première Guerre mondiale, d'autant plus que des mesures économiques, sociales et politiques avaient marqué un progrès.

Après 1918 apparut en Alsace un mouvement « autonomiste », qui cherchait à s'opposer au centralisme de la politique française.[147] En 1924, une grande partie de la population alsacienne protesta contre le projet du président Édouard Herriot de supprimer le statut local. Cinquante mille manifestants se rassemblèrent sur la place Kléber à Strasbourg pour défendre le Concordat. Ils revendiquaient aussi le maintien du bilinguisme et du statut scolaire. Cependant, ce mouvement fut discrédité par la suite, car quelques-uns de ses militants demandèrent le rattachement à l'Allemagne et soutenaient le régime nazi.

Au cours de la dernière guerre, la résistance souvent héroïque face à l'occupant s'est manifestée de bien des manières.[148] Elle était plus forte que dans les autres régions françaises. Environ quinze mille Alsaciens furent emprisonnés, soit 1,5 % de la population, proportionnellement sept fois plus que dans le reste de la France. Avec ses cinquante mille morts, l'Alsace compte trois fois plus de victimes et six fois plus de soldats tués à la guerre.[149]

Victimisation

Pour se dédouaner par rapport aux adaptations et aux compromis auxquels les Alsaciens ont dû se résigner au cours de l'histoire, ces derniers soulignent volontiers combien, aux diverses époques, ils étaient victimes du pouvoir. Ce fut le cas en particulier à partir de 1942, quand les hommes nés entre 1908 et 1928 furent incorporés dans l'armée allemande : 64 000 dans le Bas-Rhin, 36 000 dans le Haut-Rhin et 30 000 en Moselle. Cette mesure fut ressentie comme illégale, puisque aucun traité n'avait légalement intégré l'Alsace à l'Allemagne et que les Alsaciens étaient simplement considérés comme des *Volksdeutsche* et n'avaient pas la nationalité allemande. C'est pourquoi on parle des « incorporés de force » ou des « Malgré-Nous ».[150]

Il est vrai qu'il était difficile de se soustraire au service militaire imposé en 1942, tant leurs familles étaient menacées de *Sippenhaft*, procédé par lequel on s'en prenait aux membres de la famille du « déserteur ».

Des 130 000 incorporés de force alsaciens et mosellans, environ 80 000 survécurent. Mais ils furent longtemps considérés comme de mauvais Français et, dans un premier temps, exclus des associations d'anciens combattants : ils n'avaient pas combattu pour la France. Ce n'est que plus tard qu'ils furent admis dans ces associations. Mais la victimisation née avec l'incorporation de force ne fit que s'accentuer. Les Alsaciens n'étaient pas loin de penser qu'ils étaient des Français de seconde zone, de par leur histoire, leur culture, leur langue et leur accent.

Voici comment s'exprime Claude Vigée en 1972, qui a grandi à Bischwiller : « Sous quelque drapeau que ce fût, du temps de ma jeunesse comme à l'époque de mes grands-parents, les Alsaciens ont été victimes aussi bien que complices d'une expropriation spirituelle, linguistique et culturelle. Ils se sont laissés écraser entre deux mondes mentaux qui s'excluent et les annulent. Frustrés de leur substance propre et des moyens de la manifester à autrui, ils n'ont cessé d'être la proie de leur inexistence. Il est vrai qu'on ne leur donnait pas le choix. D'un côté du Rhin comme de l'autre, on leur a refusé le droit à un être personnel, à une vie intérieure originale et à son expression authentique. Au bout de deux siècles, la rupture avec la réalité est parfaite. Alsaciens mes frères, nous sommes floués de naissance, comme tout le monde, certes, mais un peu mieux encore ! C'est notre constatation, et notre seule cause de fierté. »[151]

Les incorporés de force, mais aussi beaucoup d'autres Alsaciens, ont ressenti comme une libération ce que le président Nicolas Sarkozy a dit le 8 mai 2010 à Colmar, en parlant des « Malgré-Nous [...] qui ne furent pas des traîtres. Les menaces de représailles qui pesaient sur leurs familles ne leur laissaient pas le choix. Ce furent des victimes. Des victimes du pire régime d'oppression que l'histoire ait connu. Les victimes d'un véritable crime de guerre. »

S'il est vrai que les Alsaciens furent souvent des victimes, certains furent des victimes consentantes. Quelques-uns ont choisi de collaborer activement avec le régime en place.[152] Ne pas le reconnaître pesait sur les efforts en vue d'un nouveau commencement. Ceux qui étaient accusés de collaboration niaient le plus souvent leur faute devant les tribunaux, alléguant leur obéissance aux ordres venus d'en haut. Mais ce déni rendait difficile le travail de reconstruction.

Pour les années après 1945, il faut noter aussi le phénomène du refoulement. Les Alsaciens qui ont collaboré, qui y croyaient, et qui ont été accusés pour cela, ont souvent refoulé ces faits et se sont enfermés dans le silence.[153] Ce silence était pesant, pour eux et pour leurs familles. L'écrivain Gabriel Schoettel a mis en scène ces refoulements dans son roman *Un village si paisible*, [154] où un homme se présente à son petit-fils comme un «incorporé de force», alors qu'il s'était engagé volontairement. Je connais un autre cas, où les enfants découvrirent longtemps après et par hasard que le père avait collaboré activement avec le régime nazi, [155] et le choc les a marqués pour la vie.

Résistance face à l'oppression linguistique

Le problème se pose dès le XIXe siècle, d'abord du temps français. «Nous parlons l'allemand», tel était le cri du cœur du célèbre théologien protestant Édouard Reuss quand les autorités voulurent imposer le français aux dépens de l'allemand. Et il ajoute: «Si vous nous prenez notre langue, vous faites de nous un peuple d'esclaves auxquels vous ne pourrez plus faire confiance».[156] La résistance se manifesta aussi dans l'Église catholique. En 1867, le curé de Saint-Jean à Strasbourg, Louis Cazeaux, publia un *Essai sur la conservation de la langue allemande*, dans lequel il va jusqu'à écrire: « Faire la guerre à la langue allemande, c'est s'attaquer, en un certain sens, à la religion, à la morale et, par contre coup, à la civilisation en Alsace ». Tant le clergé protestant que le clergé catholique continue à utiliser l'allemand pour la catéchèse, la prédication et les prières, à côté du latin pour les catholiques.

Après 1870, divers milieux s'efforcèrent de maintenir la langue française dans l'Alsace devenue allemande. De larges cercles de l'Église catholique s'engagèrent dans cette voie, de même que certaines écoles comme l'école protestante Lucie Berger et les élites urbaines. À partir de 1900, la langue française connut un nouveau rayonnement. D'autres cercles opposèrent à la langue et la littérature allemandes une littérature alsacienne dialectale, comme, entre autres, Gustave Stoskopf[157] et les frères Matthis.[158] Cette orientation se retrouvait dans la *Revue Alsacienne illustrée*. Entre 1870 et 1918, l'usage du dialecte, pratiqué par 95 % de la population, fut une forme d'opposition.

Nous avons déjà parlé du combat des autonomistes pour le bilinguisme. À l'oppression de la langue française pendant la Deuxième Guerre mondiale, on répondit par des manifestations ponctuelles ou des arrangements floraux bleu-blanc-rouge sur les monuments. Même la Marseillaise fut chantée un jour par les soldats incorporés de force.

Comment réagirent les Alsaciens après 1945, lorsque la langue allemande n'était plus enseignée dans les écoles élémentaires et que le parler dialectal était diffamé par les autorités ? Dès 1945 et puis régulièrement par la suite, les Conseils généraux protestèrent. Voici comment s'exprima celui du Bas-Rhin dans sa séance du 25 avril 1947 :

« Le Conseil général demande : la réintroduction, dès la rentrée d'octobre 1947, d'un enseignement de l'allemand dans les écoles primaires d'Alsace, et ce dans les conditions suivantes : 1° Le retour de principe au règlement en vigueur en 1939 ; 2° l'enseignement de l'allemand débutera à un âge où l'enfant possède une connaissance suffisante des éléments de la langue française, étant donné que l'étude de l'allemand ne constitue pas pour les jeunes Alsaciens un enseignement entièrement nouveau, cet âge peut être relativement précoce, soit à titre d'indication l'âge de 8 à 9 ans ; 3° l'application de cette mesure entraîne comme conséquence nécessaire que le personnel chargé de cet enseignement soit initié à la langue allemande dans les Écoles normales et que l'inspection des classes d'allemand soit assurée par un personnel connaissant cette langue ; 4° la rétribution de ce personnel devra tenir compte de la charge supplémentaire qu'entraîne l'enseignement de l'allemand. »

En 1951, un groupe de députés centristes (MRP) proposa de rétablir l'enseignement de l'allemand dans les écoles élémentaires. Ce projet voté par l'Assemblée Nationale se heurta d'abord au refus d'un syndicat d'enseignants, mais fut partiellement mis en œuvre en 1953.

En 1965, le professeur alsacien et prix Nobel Alfred Kastler[159] critiqua publiquement et énergiquement le « sabotage systématique de l'enseignement de l'allemand en Alsace depuis vingt ans ». En 1968 fut créé le Cercle René Schickelé, qui se bat pour le bilinguisme et qui a publié une série de prises de position en ce sens.[160] Par une revue trimestrielle bilingue intitulée *Land un Sproch* ainsi que par des manifestations diverses et des pétitions, ce cercle s'efforce aujourd'hui encore de gagner les Alsaciens au bilinguisme, d'encourager le dialecte dès l'école maternelle et de créer des espaces pour un apprentissage précoce de l'allemand. Une autre association, *Heimetsproch un Tradition*, qui publie cinq fois pas an une revue du même nom, s'engage depuis 1984 dans le même sens. D'autres revues, telles que *De Buderflade* et *Rot un wiss* défendaient des positions plus radicales et plus politisées.

En 1976, 108 prêtres catholiques et 72 pasteurs protestants publièrent un mémorandum dans lequel ils priaient l'Église de prendre en compte et de maintenir le bilinguisme dans leur travail pastoral.[161]

Face aux résistances à l'enseignement de l'allemand, une association de parents se constitua en 1991 sous la direction de Richard Weiss, *ABCM Zweisprachigkeit* (Association pour le bilinguisme en classe dès la maternelle), qui créa des classes maternelles libres, non instituées par l'État, soutenues par les élus locaux et aussi, en partie, régionaux. Après à peine un an d'existence, cette association comptait déjà cinq cents membres, répartis sur toute l'Alsace, d'Alsaciens mais aussi de Français non alsaciens habitant l'Alsace. Il y a aujourd'hui treize écoles ABCM en Alsace. Des classes bilingues constituées dans les écoles maternelles, les écoles et les collèges s'y sont ajoutées. Notons encore l'engagement de l'association de parents d'élèves *Eltern* en faveur de l'ouverture et de la pérennité de classes bilingues.

Une autre organisation, mise en œuvre il y a quelques années, tente de sensibiliser l'opinion d'une autre manière. Il s'agit du mouvement *E Friejohr fuer unseri Sproch/Un printemps pour notre langue*. Chaque année, au mois de mars, des représentations théâtrales, des soirées de chant, des cultes et des messes en dialecte, soit plus de cinq cents manifestations en tout genre sont organisés. Il faut évoquer aussi le succès des deux cent soixante troupes de théâtre alsacien (environ deux cent mille spectateurs par an),[162] qui représentent des pièces en alsacien, de tout niveau.

Réalisme et insatisfaction, ironie et nostalgie

Il faut rendre attentif à d'autres attitudes. On a pu parler du réalisme des Alsaciens, souvent accompagné d'un certain scepticisme face aux slogans électoraux, dont l'histoire leur a enseigné la vanité. Les Alsaciens s'attachent à ce qui est tangible, à ce qu'ils possèdent, et non à des promesses. « Un moineau dans la main vaut mieux qu'un pigeon sur le toit », dit un proverbe, ou encore : « On ne peut plumer la poule que si on l'a attrapée ». Ces tournures proverbiales sont caractéristiques d'une mentalité qui est attachée aux acquis et renonce aisément aux grandes envolées ou aux projets utopiques.

Évoquons encore l'insatisfaction très répandue parmi les Alsaciens. Une chanson connue dit : « Jean du Schnockeloch (littéralement « trou à moustiques », mais c'est aussi un quartier de la banlieue strasbourgeoise) a tout ce qu'il veut. Ce qu'il veut, il ne l'a pas, et ce qu'il a, il n'en veut pas... ». Nous donnons le texte de cette chanson en annexe du chapitre.

Enfin, parlons de l'ironie, très appréciée en Alsace. Elle a une longue tradition dans cette région, et s'est illustrée chez Geiler de Kaysersberg, Sébastien Brant, Thomas Murner, Jean Fischart aux XVe et XVIe siècles[163], aux XIXe et XXe siècles chez Gustave Stoskopf,[164] Hansi,[165] Germain Muller[166] et plus récemment le dessinateur Tomi Ungerer et le cabarettiste Roger Siffer.[167] Le rire, et le rire à propos d'autrui, sont très populaires en Alsace.[168] Après le cabaret du *Barabli* de Germain Muller, dont la pièce *Enfin, redde m'r nimmi devun* (Enfin, n'en parlons plus), représentée pour la première fois en 1949, a connu un immense succès (plus de deux cents représentations, sans parler du DVD plus récent), et qui, jusqu'en 1992, offrit au public quarante-quatre revues, d'autres ensembles se sont produits sur scène, tel le *Cabaret Bonjour*, créé et animé par Gaston Goetz, puis, plus récemment, la *Choucrouterie* de Roger Siffer, la *Büdig* (La boutique) de Yves Grandidier et la *Revue Scoute*.

L'Alsacien est même capable de rire de lui-même.[169] Il « se moque joyeusement ou tristement de lui-même, de ce type humain singulier façonné par les caprices de l'histoire, soumis aux pressions contradictoires des hommes et des événements, obligé de tourner contre les autres, afin de demeurer lui-même, les armes de l'esprit, et les tournant finalement contre lui-même afin de pourfendre les empreintes laissées dans son être par les cruelles absurdités du destin ».[170] Souvent, le rire était la seule arme pour survivre face à un pouvoir totalitaire ou arbitraire,[171] c'était, comme le disait Alphonse Allais, cité par Charlotte Herfray, « la courtoisie du désespoir ».[172]

Mais les Alsaciens dialectophones sont souvent profondément nostalgiques, sinon amers, quand ils vivent le déclin de leur langue dans leur propre pays. « Il est dur de se sentir étranger dans son propre pays », voilà une phrase que j'ai entendue plusieurs fois. Germain Muller a su exprimer cette nostalgie de manière émouvante dans sa chanson devenue très populaire : « *M'r sin die Letschde, die Allerletschde, wo noch so rede wie de Schnawel ne gewachse'n isch...* » (Nous sommes les derniers, les tout derniers, qui parlent encore comme le bec leur a poussé).[173] Le chansonnier René Egles s'est exprimé de manière analogue dans sa *Pavane pour une langue défunte*.[174]

D'r Hans im Schnockeloch[175]

D'r Hans im Schnockeloch	Jean du trou aux moustiques
Het alles was er will,	Tout ce qu'il veut, il l'a
un was er will, des het er nit	Et ce qu'il veut, il ne l'a pas,
un was er het, des will er nit,	Et ce qu'il a, il n'en veut pas.
D'r Hans im Schnockeloch	Jean du trou aux moustiques
Het alles, was er will.	Tout ce qu'il veut, il l'a
D'r Hans im Schnockeloch	Jean du trou aux moustiques
Sat alles, was er will,	Dit tout ce qu'il veut;
un was er sat, des denkt er nit,	Et ce qu'il dit, il ne le pense pas,
und was er denkt, des sat er nit.	Et ce qu'il pense, il ne le dit pas.
D'r Hans im Schnockeloch	Jean du trou aux moustiques
Sat alles, was er will.	Dit tout ce qu'il veut
D'r Hans im Schnockeloch	Jean du trou aux moustiques
Duet alles, was er will	Fait tout ce qu'il veut
Un was er duet, des soll er nit,	Et ce qu'il fait, il ne le doit pas,
un was er soll, des duet er nit,	Et ce qu'il doit faire, il ne le fait pas
D'r Hans im Schnockeloch	Jean du trou aux moustiques
Duet alles, was er will	Fait tout ce qu'il veut
D'r Hans im Schnockeloch	Jean du trou aux moustiques
Kann alles, was er will	Peut tout ce qu'il veut
Un was er kann, des macht er nit	Et ce qu'il peut, il ne le fait pas
Un was er macht, gerot ihm nit,	Et ce qu'il fait ne lui réussit pas
D' Hans im Schnockeloch	Jean du trou aux moustiques
Kann alles, was er will	Peut tout ce qu'il veut
D'r Hans im Schnockeloch	Jean du trou aux moustiques
Geht ane, wo er will	Va où il veut
Un wo er isch, so bliet er nit	Et là où il est, il ne reste pas,
Un wo er bliet, do g'fallt's em nit	Et là où il reste, ça ne lui plaît pas,
D'r Hans im Schnockeloch	Jean du trou aux moustiques
Geht ane, wo er will	Va où il veut

CHAPITRE VI

Langue et identité

Plusieurs langues sont parlées en Alsace. La langue officielle, utilisée en particulier dans l'administration et dans l'enseignement, mais aussi dans de nombreuses familles, est le français. L'histoire a fait apparaître en Alsace il y a près de quinze siècles un autre parler, toujours utilisé par une minorité : l'alsacien, appelé *Elsässisch* ou *Elsässerditsch* (allemand d'Alsace). Il a aujourd'hui le statut de langue régionale de France. En nombre de locuteurs, c'est la seconde langue autochtone parlée en France, si on admet que l'occitan est un ensemble de parlers non homogènes.

Les origines et les particularités du dialecte alsacien

Le dialecte alsacien est présent dans trois zones distinctes. Il y a d'abord le francique rhénan (*Rheinfränkisch*) parlé par les Alsaciens au nord du Seltzbach et au nord-ouest des Vosges, en Alsace dite « bossue ». Ce dialecte est proche voire identique aux parlers en usage au Palatinat, en Sarre et dans la Lorraine germanophone. Dans une seconde zone, la plus étendue, on parle l'alémanique. En fait, les spécialistes distinguent le bas alémanique, qui est le plus répandu, du haut alémanique, utilisé en particulier dans le Sundgau (*Oberalemanisch*), et très proche des parlers suisses. Dans les vallées vosgiennes de la Bruche et d'Orbey s'est maintenue la langue romane.

La diversité du dialecte alsacien se traduit moins au plan du vocabulaire que dans la manière de prononcer les mots. On peut illustrer les différences entre le francique et l'alémanique par des exemples. Dans l'espace francique on dit « Piff » et « Parre », dans l'espace alémanique on dit « Pfiff » et « Pfarrer » pour les mots allemands « Pfeife » (sifflet ou pipe) et Pfarrer (pasteur). Dans l'espace alémanique, des différences de prononciation apparaissent : dans le Bas-Rhin on dit « Win » pour l'allemand « Wein » (vin), dans le Haut-Rhin « Wyh (Wie) ».

Les parlers francique et alémanique qui sont à l'origine de l'alsacien se sont imposés en Alsace aux Vᵉ et VIᵉ siècles, en lien avec l'arrivée des Francs, établis dans la partie septentrionale de l'Alsace, et les Alamans, établis au centre et au sud. En un premier temps, il y eut une cohabitation avec la culture gallo-romaine et la langue romane. Cette dernière était issue du latin populaire, marquée aussi par certains apports celtiques.

Aux VIIᵉ et VIIIᵉ siècles, les langues francique et alémanique devenaient langues principales dans la région. La ville d'Argentoratum s'appelle désormais Strateburg. Ce n'est que plus tard qu'apparut la langue écrite allemande. On a souvent relevé la participation de l'Alsace à la langue et à la culture allemandes au Moyen Âge.[176] Et il existe une littérature dialectale encore aujourd'hui.

Il faut souligner que les dialectes francique et alémanique utilisés de nos jours en Alsace ne sont plus ce qu'ils étaient au moment de l'occupation de la région par les Francs et les Alamans. En effet, malgré toutes les continuités, une langue évolue et elle est conditionnée par les contingences historiques.

Il est évident aussi que la notion de « frontière linguistique » utilisée dans le passé n'a plus guère de pertinence aujourd'hui, au vu de la mobilité des populations. La frontière traverse aujourd'hui les villes et les villages, voire les familles.

Sur le plan du vocabulaire, l'alsacien est proche du haut allemand. Relevons d'ailleurs que la distinction entre l'alsacien et l'allemand est apparue tardivement. Elle fut faite à partir de 1871 dans les milieux nationalistes français qui, en faisant la distinction, voulaient s'opposer au rattachement de l'Alsace à l'Allemagne. Auparavant, on disait « allemand » pour désigner le dialecte alsacien. Cela ne suscitait pas d'opposition en France.

La comparaison du dialecte avec l'allemand écrit fait apparaître de larges convergences dans le vocabulaire, tout en montrant aussi des spécificités alsaciennes, d'ailleurs présentes en partie dans d'autres régions du Rhin supérieur. Ici, une chèvre, c'est « Geiss » et non « Ziege », le verbe voir se dit « löje » et non « schauen », tomber, c'est « keije », mais aussi « falle » comme en allemand, l'escalier est dit « Stäj » et non « Treppe », « springe » signifie courir (en allemand sauter !) et sauter, c'est « hüpse », l'abeille se dit « Imm » et non « Biene », un torchon se dit « Zwäl » et non « Handtuch », les pommes de terre se disent « Grumbeere » ou « Erdäpfel » et non « Kartoffeln ». « Wieche » au lieu de « Docht » désigne la mèche de la bougie, trembler c'est « riedere » et non « zittern ». Pour « marcher » ou « courir » il existe d'innombrables expressions dialectales : « dipple », « tiegre », fajole », « brüse », « surre », « flitze », « laufe » (ce dernier signifie marcher en alsacien, mais courir en allemand).

Dans le dialecte alsacien on retrouvait aussi cent trente hébraïsmes[177] introduits grâce au judéo-alsacien, tributaire du yiddish cisrhénan qui comporte quelque deux cent cinquante hébraïsmes. Citons quelques-uns de ces hébraïsmes assimilés par les parlers alsaciens : « maschuke » (fou), « bajes » (petite maison), « kav » (village), « kosher » (pur, cachère), « pleite » (banqueroute), « Schlamassel » (désordre). Dans certains villages comme Fegersheim, un autre dialecte, le manouche ou le yaenisch, est utilisé. Mais ces expressions sont largement oubliées maintenant.[178]

Par contre, depuis le XIXe siècle, de plus en plus d'expressions françaises se sont introduites dans le dialecte : on les a estimées à un millier, mais cela augmente de jour en jour. Ainsi on dit « füdi » (foutu), « Kannebe » (canapé), « Trottoir », etc. Plus récemment, dans le domaine technique, c'est le français qui est utilisé ou des abréviations : « HLM », « permis », « télévision », « ordinateur » ne connaissent pas d'expression alsacienne. Entre 1870 et 1914, certaines expressions de l'administration allemande ou de l'armée s'étaient glissées dans le dialecte.[179] Il faudrait évoquer aussi la pénétration, par l'intermédiaire du français, de mots anglais dans le dialecte, dans le domaine du sport (« dribble », « goal », etc.), dans celui de l'habillement (« Pullover, « Pischama », etc.), dans celui de la nourriture (« Pudding », « Sandwich », etc.) et bien sûr dans celui des sciences et de l'industrie.

La situation des langues en Alsace aujourd'hui

Depuis la Seconde Guerre mondiale, il est frappant de constater la prédominance croissante et quasi exclusive du français. En l'espace d'un demi-siècle, cette évolution a été plus forte qu'auparavant pendant trois cents ans. Elle a été promue par l'école, par l'arrivée de personnes ou de familles venues des autres régions de France ou d'autres pays. Les étrangers s'intègrent dans le pays grâce à la langue. Dans la sphère publique, c'est le français qui prédomine largement. Le «trilinguisme» traditionnel (français – allemand – alsacien) devient minoritaire, et de ce fait, l'ouverture des Alsaciens aux deux cultures, ancestrale et souhaitable, est remise en question. Même si de nombreux Alsaciens écoutent ou regardent des émissions en allemand (nouvelles sportives, certains films policiers), cela n'exige pas un grand effort culturel, mais atteste simplement une certaine connaissance de l'allemand.

L'appauvrissement du dialecte s'exprime aussi par un étonnant mélange utilisé aujourd'hui par beaucoup d'Alsaciens. La structure de la phrase et les verbes restent en dialecte, les noms et les adjectifs ont tendance à être en français.

Dans la vie publique, l'allemand écrit a pratiquement disparu, sauf pour des cultes protestants. Récemment, il a été question de supprimer aussi les tracts électoraux bilingues. Dans l'espace catholique, la disparition de l'allemand a été plus rapide encore. Avec le dialecte, c'est aussi la connaissance de l'allemand qui a régressé. En 1945, les lecteurs des *Dernières Nouvelles d'Alsace* lisaient à 80 % l'édition bilingue (français-allemand). Aujourd'hui, cette édition s'élève à 10 % de l'édition totale qui compte deux cent mille exemplaires.

Combien d'Alsaciens parlent ou comprennent encore l'alsacien ? Deux enquêtes de 1990 et 2001 montrent la tendance.[180] Sur 600 personnes interrogées en 2001, 34 % parlaient l'alsacien, alors que 40 % des 407 personnes interrogées le parlaient encore en 1990. 12 % comprennent le dialecte mais ne le parlent pas (14,9 % en 1990). Le nombre de ceux qui ne comprennent ni ne parlent le dialecte était monté à 27 % en 2001 (14,6 % en 1990). Le dialecte est utilisé avant tout dans la sphère familiale ou entre amis, mais aussi dans la sphère professionnelle (48 % selon une enquête concernant 334 interrogés). Une autre enquête révèle que seuls 15, 5% de la population transmettent le dialecte aux enfants. Mais rappelons par ailleurs la réalité du théatre alsacien.

Une enquête menée par les autorités scolaires en 2005 révèle que dans le Haut-Rhin 1 % des enfants entre 1 et 6 ans parlent activement le dialecte, et 5-6 % dans le Bas-Rhin. Une autre enquête semblerait révéler qu'un quart des enfants scolarisés comprennent le dialecte, mais beaucoup moins l'utilisent de manière active.

Les échanges entre les générations sont devenus difficiles dans maintes familles. Les anciens ne maîtrisent pas toujours bien le français, les jeunes ont perdu l'usage du dialecte. Une thèse de doctorat suédoise, parue en 2003, a étudié la question linguistique en Alsace et porte le titre : *Nous n'avons plus de langue pour nos fêtes de famille*.[181]

D'Letschte (Les derniers)

par Germain Muller

Mach um's Gewäsene ke Wäses,	Ne t'accroche pas à ce qui est passé
D'Gelehrte sin sich jetzt d'accord	Les savants sont tous d'accord maintenant
Alli Statistike bewiese's:	Toutes les statistiques le prouvent:
Sie isch archi-fütti unsri Sproch.	Elle est archi-foutue, notre langue.
Kannsch Krokodiledräne spare,	Tu peux t'épargner les larmes de crocodile
In däre Gass do gibt's ke Kehr,	Cette rue est à sens unique,
De Karich han mir selbscht verfahre	C'est nous-mêmes qui avons embourbé le chariot
Un d'Himmelskütscher des sin mir...	Et les cochers célestes, c'est nous...
Mir sin schients d'Letschte,	Nous sommes, dit-on, les derniers
Ja d'allerletschte,	Oui, les tout derniers
Vun däne Lätze	De ces tordus
Wo noch so babble	Qui parlent encore comme
Wie de Schnawel ne gewachse-n-isch.	Le bec leur a poussé.
Noch uns isch ferti	Après nous, c'est fini,
Mit dem Trafari,	Ce cirque,
Un no wurd endli	Et alors, enfin,
Im ganze Frankri	Dans toute la France
„Ge-parlez-vous" numme franzeesch.	On ne parlera plus que le français.
Mir sin schients d'Letschte,	Nous sommes, dit-on, les derniers,
Ja d'allerletschte	Oui, les tout derniers
Vun däne Lätze,	De ces tordus
Wo noch so denke	Qui pensent encore
Wie de Schäddel ne geböje-n-isch.	Comme la tête leur a été fabriquée
Noch uns isch ferti	Après nous, c'est fini,
Mit dem Trafari,	Ce cirque,
Un no wurd endli	Et alors, enfin,
Im ganze Frankri	Dans toute la France
„Ge-pensez-vous" numme franzeesch.	On ne pensera plus qu'en français.

Un s'isch erecht eso, mir han's eso gewöellt.
Es isch erecht eso, mir han uns gern ver-„kelt",
Vor lüter „Mueder loss mi a mit défiler".
Waje de Bändele sin mir jetzt gar nix meh.

Et c'est bien ainsi, nous l'avons voulu ainsi
C'est bien ainsi, nous nous sommes «celtifiés» volontiers
Avec tous ces «Mère, laisse-moi aussi défiler avec les autres».
Pour l'amour d'un petit ruban, voilà que nous ne sommes plus rien du tout.

Als grad noch d'Letschte,
Ja d'allerletschte,
Vun däne Lätze,
Wo noch so babble
Wie de Schnawel ne gewachse-n-isch.
Noch uns isch ferti
Mit dem Trafari
Un no wurd endli
Im ganze Frankri
„Ge-parlez-vous" numme franzeesch.

Sauf les derniers
Oui les tout derniers
De ces tordus
Qui parlent encore
Comme le bec leur a poussé.
Après nous c'est fini,
Ce cirque
Et alors, enfin
Dans toute la France
On ne parlera plus que le français.

Füer manchi Wöertle
isch's doch schad,
Isch unsri Sproch sunscht a nit fin
Han doch manchi Manches gsaat
Was sie nit saawe uf Latin...

Pour certains mots,
c'est dommage quand même,
Même si notre langue
n'est pas toujours très fine,
Certains mots disaient des choses
qu'on ne peut pas dire en latin...

So nimm zuem Beispiel allewil
Ken „toujours" saat allewil guet
Denn allewil, isch allewil
In allewil glüenzt Heimetgluet.

Prends par exemple «tout le temps»
Aucun «toujours» ne peut bien le dire
Car «tout le temps», c'est «tout le temps»,
Dans «tout le temps», c'est la braise du chez-soi qui couve.

Mir sin schients d'Letschte
Ja d'allerletschte
Vun däne Lätze
Wo köenne saawe:
„Allewil haw ich min Bibbel gern!

Nous sommes, dit-on, les derniers
Les tout derniers
De ces tordus
Qui peuvent dire:
«J'aime "tout le temps" ma poulette!»

Un döjsich Liechtle,	Et je vois dans le ciel
Wunderlaternle,	mille petites lumières
Sieh ich im Himmelmille	petites lanternes magiques
Wenn d'Engel draawe	Quand les anges portent
In sini Giggele e Stern".	Une étoile dans ses yeux».
Un ich bin drüri,	Et je suis triste
Allewil drüri,	«Tout le temps» triste
Drüri un muedri	Triste et mélancolique
Wie seelemueri,	L'âme en compote
Allewil wenn dü nit bie mir bisch.	«Tout le temps» lorsque tu n'es pas avec moi
Un ich köennt hile,	Et j'ai envie de pleurer
In ein Loch hile	De remplir de larmes un trou
Wie d'Wiede hile,	Comme les saules pleurent
Vor lüder Liede	Tellement j'ai de peine
Jed's mol wenn dü nit bie mir bisch.	Chaque fois que tu n'es pas avec moi.
Tant pis füer's allewil, mir han's eso gewöellt.	Et tant pis pour le «tout le temps», c'est nous qui l'avons voulu.
Tant pis füer's allewil, mir han uns gern ver „kelt",	Tant pis pour le «tout le temps», nous nous sommes «celtifiés» volontiers
Vor lüter „Mueder loss mi a mit défiler"	Avec tous ces «Mère, laisse-moi aussi défiler avec les autres».
Waje de Bändele sin mir jetzt gar nix meh.	Pour l'amour d'un petit ruban, voilà que nous ne sommes plus rien du tout.
Als grad noch d'Letschte,	Sauf les derniers,
Ja d'allerletschte,	Oui, les tout derniers
Vun däne Lätze	De ces tordus
Wo noch so babble	Qui parlent encore
Wie de Schnawel ne gawachse-n-isch.	Comme le bec leur a poussé.
Noch uns isch ferti	Après nous c'est fini,
Mit dem Trafari	Ce cirque
Un no wurd endli	Et alors, enfin,
Im ganze Frankri	Dans toute la France
„Ge-parlez-vous" numme franzeesch.	On ne parlera plus que le français.

Un trotzdem klingt's fascht wie
Remords
Un reimt gar licht met ere Bues
Wenn m'r siner eije Sproch
E Lied in's Grab nin singe muess...
Waje de Pöeschtele
Füer e paar Ämtele
Waje de Bändele
Füer e paar Fränkele...

Et pourtant, n'y a-t-il pas comme un
remords
Qui rime avec «pénitence»
Quand on doit chanter pour sa
propre langue
Un requiem devant sa tombe.
Pour quelques petits postes
Quelques petites fonctions
Pour un petit ruban,
Pour quelques sous...

(*Traduction Annemarie Lienhard*)

CHAPITRE VII

La religion, facteur d'identité

Diverses enquêtes récentes ont montré que, pour les Alsaciens, la religion est un facteur important dans la définition de leur identité. Sa place dans l'espace public, dans le vécu et dans la conscience des Alsaciens n'est manifestement pas la même que dans le reste de l'Hexagone, alors que des similitudes apparaissent avec d'autres régions européennes.

La place de la religion en Alsace

Ce qui frappe au premier chef, c'est la diversité des religions présentes dans la région, pour la majorité depuis des siècles. Les juifs[182] sont arrivés dans la vallée du Rhin, semble-t-il, en même temps que les légionnaires romains. En 321, l'empereur Constantin impose aux juifs de Cologne de participer à l'administration de la ville. Les premiers témoignages attestant leur présence dans la région du Rhin supérieur apparaissent au IVe siècle. Au Moyen Âge, ils seront peu à peu expulsés des villes d'Alsace, mais ils se maintiendront à la campagne avant de réintégrer les villes, du moins en partie, au XIXe siècle.

Pour ce qui est des chrétiens,[183] leur apparition en Alsace se perd également dans la nuit des temps. En 343, Amand, évêque de Strasbourg, et l'évêque de Bâle signent une lettre au concile de Sardique. Le christianisme s'est imposé au Moyen Âge à travers l'action des villes et des monastères.

Depuis la Réforme protestante du XVIe siècle, le christianisme s'est divisé, en Alsace comme ailleurs, en plusieurs confessions,[184] le soutien des autorités civiles étant le plus souvent déterminant. La majorité, soit deux tiers de la population, est restée dans le giron de l'Église romaine, un tiers est devenu protestant, mais s'est divisé lui-même en luthériens, majoritaires, et en réformés, sans oublier les mennonites, petite minorité héritière des anabaptistes, établis surtout à la campagne. Par la suite, aux XIXe et XXe siècles, d'autres communautés libres, c'est-à-dire non reconnues par l'État, s'établiront en Alsace, en particulier les méthodistes, les baptistes et les pentecôtistes.[185]

Dans les années 1950 et 1960, la présence musulmane, jusque là sporadique, est devenue massive grâce à l'immigration maghrébine, relayée dans les années 1970 par l'immigration turque.[186]

Du fait que, après 1962[187], les recensements officiels ne faisaient plus de place, en France, à l'appartenance religieuse des individus recensés, des chiffres précis font défaut. Ceux qui sont indiqués par les Églises et les communautés ne sont pas toujours fiables ; il y a ainsi des protestants détachés qui ne figurent plus dans les statistiques ecclésiales, mais qui se disent toujours protestants. Il existe par ailleurs des enquêtes, comme celle de 1998, réalisée par l'Institut du droit local alsacien-mosellan,[188] qui porte sur 800 personnes, en tenant compte des critères de représentativité de la population des trois départements, Bas-Rhin, Haut-Rhin et Moselle, avec un seuil de précision qui se situe entre +2,5 % et -2,5 %.

Plus de 70 % se disent catholiques, 11 % protestants. Il y a des communautés orthodoxes dans les villes. 4 % des Alsaciens se disent musulmans et 1 % juifs. Mentionnons encore les quelques centaines de bouddhistes présents dans la région.

Par rapport à des enquêtes précédentes, la population protestante semble être en régression, même si le chiffre en Alsace, sans la Moselle, dépasse les 11 %. En 1988, elle représentait 19 % de la population. On admet en général qu'il y a 250.000 protestants. Selon le sondage le plus récent (2007),[189] il y aurait 17 % de protestants, 58 % de catholiques, 4 % de juifs, 3 % de musulmans. Mais ce dernier chiffre est sous-estimé. À la différence du reste de l'Hexagone, où l'on compte 2 % de protestants, le protestantisme alsacien n'est pas micro-minoritaire. De son côté, la population musulmane est en constante augmentation. Elle avoisine aujourd'hui les 120 000 en Alsace. Les juifs sont entre 20 000 et 30.000.

Des enquêtes plus anciennes, portant sur la population protestante, mais sujettes à révision aujourd'hui, portaient sur l'origine géographique, les lieux d'implantation et la composition socio-professionnelle de cette population. Une conclusion demeure sans doute valable : les protestants constituent le groupe religieux dans lequel il y a le moins de membres venus des départements non concordataires ou de l'étranger.

Attachement des Alsaciens à la religion ?

L'attachement des Alsaciens à la religion ressort de l'enquête citée de 1998, corroborée par une enquête IFOP réalisée pour l'hebdomadaire *La Vie*.[190] Selon l'enquête de 1998, seuls 10 % des enquêtés, en Alsace-Moselle, se disent sans religion, alors qu'ils sont 24 % dans le reste de l'Hexagone. 35 % (38 % de catholiques et 27 % de protestants) se qualifient de croyants convaincus contre 24 % dans le reste de la France. Mais le fait de se dire « croyant » n'implique pas nécessairement une pratique, comme nous le verrons au prochain chapitre.

Un autre symptôme de la religiosité des Alsaciens est la multiplication des Églises libres, voire des sectes, comme les Témoins de Jéhova qui avoisinent les 10.000 en Alsace. Il ressort aussi de l'enquête de 1998 que seuls 17 % des protestants enquêtés estiment que le rôle joué par les Églises et communautés religieuses n'est pas satisfaisant, contre 37 % de catholiques et 43 % de musulmans.

Le fait que, malgré une baisse évidente de la pratique, il y ait en Alsace un attachement réel à la religion est lié aussi à l'influence de l'Allemagne proche et aux échanges avec ce pays. Jusque vers 1920, beaucoup de prêtres catholiques et plus encore de pasteurs protestants ont été formés, du moins en partie, en Allemagne, ou ont été marqués par la théologie allemande. Des mouvements de réveil tels que le piétisme allemand, initié par l'Alsacien Spener à la fin du XVIIe siècle, l'orientation de l'*Aufklärung* allemande, moins opposée à la religion que les Lumières en France, les divers renouveaux du XIXe et du XXe siècle n'ont pas manqué d'influencer la religiosité des Alsaciens.

La présence de la religion dans l'espace public

Elle n'est pas reléguée dans la sphère privée comme dans les autres régions de France. Les Églises ont pignon sur rue, les ministres sont reconnus comme des acteurs utiles à la vie de la société, l'action des institutions religieuses s'étend au-delà du religieux proprement dit et s'exprime aussi par un intérêt pour la région. Les élus attachent de l'importance à la voix des religions. Cette présence des religions dans la sphère publique se répercute aussi dans la presse qui, à la différence des quotidiens des autres régions françaises, rend régulièrement et largement compte des manifestations religieuses.

Les institutions religieuses et ecclésiales créées par Napoléon Bonaparte sont toujours en place [191] : le Concordat institué en 1801 pour le culte catholique, les Articles Organiques de 1802 concernant les deux cultes protestants reconnus, luthérien et réformé,[192] puis le culte juif en 1808. Par la suite, d'autres dispositions furent prises, concernant en particulier l'école. Il n'est pas nécessaire d'en exposer, une fois de plus, les principales dispositions. Elles prévoient en particulier la prise en charge des traitements des ministres par l'État, moyennant une formation adéquate de ces ministres et un droit de regard des autorités sur le fonctionnement des Églises et du culte juif, dont les ministres doivent être confirmés par le gouvernement. Les communes sont tenues de leur attribuer un logement. Un enseignement religieux est assuré à l'école.

L'existence et la perpétuation de ces institutions religieuses et de leur lien avec l'État appellent plusieurs remarques.

La première concerne le rôle de l'État. Le droit des cultes en Alsace-Moselle, tributaire, pour l'essentiel, du Concordat et des Articles Organiques du début du XIXe siècle, pourrait faire penser qu'on attribue un rôle religieux à l'État ou qu'il se soit arrogé un tel droit. En fait, s'il exerce un certain contrôle sur les institutions religieuses, il n'entend pas s'immiscer dans le fonctionnement interne de ces institutions. Il entend rester neutre, tout en apportant, moyennant certaines conditions, une aide aux religions afin qu'elles aient les moyens, notamment en personnels formés et compétents, d'assurer leur mission, qui ne se limite pas au cultuel proprement dit et qui concerne, à certains égards, l'ensemble de la société. Il joue un rôle d'arbitre entre les religions qui, dans le passé surtout, se sont affrontées. L'arbitrage, notamment judiciaire, peut s'appliquer également à des conflits qui éclatent à l'intérieur même des communautés religieuses.

De manière générale, on soulignera que, sous l'angle des rapports entre les autorités civiles et les autorités religieuses, l'histoire de l'Alsace est différente de celle du reste du pays. Ce ne fut pas une histoire de conflits, les conflits ayant lieu plutôt entre les confessions. Au-delà du XVIe siècle, les autorités ne se sont pas opposées à telle ou telle Église. Même si, sous Louis XIV, des pressions furent exercées à l'encontre des protestants,[193] le culte protestant, bénéficiant des stipulations du traité de Westphalie signées aussi par la France, ne fut pas éradiqué comme ce fut le cas, dans une large mesure, en vieille France après la Révocation de l'Édit de Nantes, en 1685. Et quand la IIIe République se dressa contre l'Église catholique et introduisit en 1905 la séparation entre l'État et les Églises, l'Alsace était rattachée à l'Allemagne et n'a pas connu la séparation introduite en France.

Les tentatives pour introduire la séparation entre Églises et État, en 1924 puis en 1956, n'ont pas abouti, se heurtant à l'opposition d'une grande majorité des Alsaciens. Elle fut introduite uniquement entre 1940 et 1945 par le régime totalitaire du nazisme.

Au-delà de l'histoire, il importe de relever l'attachement des Alsaciens d'aujourd'hui aux institutions religieuses et au droit des cultes en place dans la région depuis plus de deux siècles. En 1972, des enquêtes réalisées dans diverses paroisses protestantes[194] montraient l'attachement au droit local des cultes. Ainsi, 73 % des protestants consultés à Horbourg « estiment normal que les pasteurs soient payés par l'État », 91 % des employés étaient de cet avis, 89 % des retraités, 85 % des cadres moyens et 82 % des ouvriers. Seuls les cadres supérieurs (60 % de « non ») et les étudiants ou lycéens (55 % de « non ») étaient majoritairement d'un avis contraire. Pour 175 pasteurs (environ 70 %) enquêtés en 1978, le régime devait être maintenu, 14 % souhaitaient qu'il fût supprimé et 64 % voulaient le voir réaménagé.

Plus récemment, un sondage, organisé en novembre 2005 par l'Institut de droit local alsacien-mosellan,[195] corrobore ces tendances, voire les renforce en ce qui concerne l'attachement au droit local des cultes. Certes, seuls 83 % des personnes consultées affirment connaître le droit local des cultes, ce qui n'empêche pas 99 % des sondés de considérer le Concordat comme « plutôt une bonne chose » ! 92 % disent leur accord avec l'enseignement religieux proposé à l'école, alors que la participation des élèves est de plus en plus faible au fur et à mesure de leur écolage dans les écoles élémentaires, le collège et le lycée.

L'entretien des édifices du culte par les communes recueille 90 % de réponses favorables, et le financement par l'État du traitement des ministres du culte trouve l'adhésion dans 92 % des réponses. 54 % sont d'accord pour étendre ces formes de soutien à l'islam, en souhaitant, à 73 %, que les autres religions que les cultes reconnus fussent également bénéficiaires, pour leurs ministres, d'une formation universitaire.

De fait, la distinction entre les cultes reconnus et les autres est moins radicale qu'on pourrait le penser. Certes, le soutien accordé aux premiers, à travers les traitements des ministres, constitue une différence importante. Mais, en pratique, les cultes non reconnus bénéficient, à la différence souvent de ce qui se passe ailleurs en France, de bien des formes de soutien en Alsace.[196] Ils peuvent recevoir des subventions, car la loi de 1905 qui les interdit en général dans le territoire national ne s'applique pas à l'Alsace. Pour ce qui est de la construction de mosquées par exemple, l'attribution de terrains, voire une subvention financière, est possible et intervient souvent. En 2010 et à l'unanimité, le conseil municipal de Strasbourg a décidé d'attribuer un cimetière spécifique aux musulmans, une première en France. Par ailleurs, ils peuvent bénéficier d'une partie des avantages fiscaux que la loi reconnaît en faveur des associations cultuelles. On soulignera aussi que, à la différence des associations cultuelles mises en place par la loi de 1905 en vieille France, les communautés libres d'Alsace ne sont pas contraintes de s'en tenir au seul exercice du culte. Elles peuvent développer aussi des formes et des institutions diaconales ou culturelles, sans être obligées pour cela de constituer des associations distinctes.

Mais revenons à l'attachement des Alsaciens au Concordat et aux autres formes de reconnaissance d'un droit des cultes reconnus. On peut s'étonner de la solidité de cet attachement. Manifestement, il n'a pas seulement des bases religieuses, car même des Alsaciens détachés des Églises et de toute pratique religieuse y sont favorables. Il faut sans doute voir dans cette adhésion un attachement à une réalité spécifique à la région par rapport à l'ensemble de la France. Le droit local des religions fait en quelque sorte partie du patrimoine ou de l'identité régionale. Cet attachement est d'autant plus remarquable que les discours dominants véhiculés par les médias nationaux et la conception française de la laïcité ne le favorisent guère.

CHAPITRE VIII

Les communautés religieuses et l'imprégnation des individus

La vie des communautés religieuses en Alsace

Les diverses communautés religieuses d'Alsace partagent largement les convictions et les pratiques de leurs coreligionnaires vivant ailleurs en France et dans le monde. Il suffit d'en rappeler ici les traits principaux tels qu'ils apparaissent en Alsace.

Dans l'espace catholique, là où la présence d'un prêtre le permet, une messe quotidienne est célébrée ; quelques fidèles y participent. C'est seulement dans les communautés religieuses que la journée dans son ensemble est rythmée par la prière des heures. Selon un livre récent,[197] il y a en Alsace huit communautés monastiques catholiques, auxquelles il convient d'ajouter les jésuites, les dominicains, les franciscains, les bénédictins, les capucins et d'autres. Du côté protestant, des sœurs vivent en communauté au Hohrodberg et aux diaconats de Strasbourg et du Neuenberg (Ingwiller).

En ce qui concerne la vie cultuelle dominicale, l'offre est plus grande dans l'espace catholique, malgré le manque de prêtres. Chez les protestants, il y a en général un culte le dimanche, et parfois un culte en semaine, notamment dans le temps de l'Avent et du Carême. Selon l'enquête de 1998, entre 5 et 10 % des Alsaciens vont au culte ou à la messe le dimanche. 14 % des Alsaciens y vont une fois par mois, ce qui rejoint la moyenne nationale qui est de 15 %. Notons que la sainte cène, appellation protestante pour l'eucharistie, n'est pas célébrée tous les dimanches, mais est devenue plus fréquente que dans le passé. L'immense majorité des protestants se contente de participer occasionnellement au culte, sans rejoindre d'autres activités proposées par leur Église. Comme dans d'autres régions, la pratique religieuse des personnes entre 18 et 50 ans est faible.

En ce qui concerne l'espace juif, il faut rappeler d'une part qu'il est devenu largement urbain, et d'autre part qu'il s'est renforcé par l'arrivée dans les années 1950 et 1960 de réfugiés des pays du Maghreb. Ces derniers représentent plus du tiers de la communauté de Strasbourg (4000 sur 12000 environ). Au cœur de la vie communautaire, il y a la célébration du shabbat. Faute de la présence de dix hommes, elle a disparu dans bien des lieux où elle était pratiquée pendant des siècles. À Strasbourg, malgré la distance prise par des juifs sécularisés, elle draine de nombreux fidèles.

Les musulmans, dont la présence est plus récente, mais qui sont aujourd'hui quatre à cinq fois plus nombreux que les juifs, se réunissent dans des mosquées de quartier, le plus souvent en fonction de leur origine nationale. Selon une enquête de l'IFOP d'août 2009, menée au plan national, ils sont 23 % à fréquenter une mosquée le vendredi. Mais l'enquête ne permet pas de préciser les chiffres pour l'Alsace, où la présence turque est plus forte que dans le reste de la France. Il faut relever aussi qu'il y a des branches de l'islam qui n'attachent pas d'importance à la participation des fidèles aux assemblées des mosquées.

Il convient de prêter attention aux fêtes religieuses qui font partie de l'identité religieuse des uns et des autres. La présence des religions dans la société se traduit ainsi par le fait que certaines des fêtes chrétiennes, comme celle du Vendredi Saint ou encore la Saint-Étienne (26 décembre, deuxième jour de Noël) sont chômées en Alsace. Les fêtes chrétiennes qui jalonnent l'année dite liturgique expriment le lien des chrétiens avec ce qu'ils appellent l'histoire du salut. Annoncée au cours du temps de l'Avent, la naissance de Jésus est célébrée à Noël, célébration prolongée par l'Épiphanie. Le temps du Carême appelle à accompagner la montée de Jésus Christ vers Jérusalem, le Vendredi Saint sa mort est au centre des offices. À Pâques est célébrée sa résurrection, puis son ascension quarante jours plus tard, puis enfin le don du Saint-Esprit et la naissance de l'Église à Pentecôte, et l'affirmation de la Trinité huit jours plus tard. La fin de l'année liturgique fait place à la fois au souvenir des défunts et à l'attente de la fin des temps.

Soulignons l'importance, en Alsace, de la fête de Noël. Si on retrouve comme ailleurs la messe de minuit, la célébration de Noël est, dans cette région, plus intimiste et familiale, à la différence du reste de l'Hexagone, plus porté sur le réveillon à l'occasion du passage au nouvel an. Pour maintenir le caractère religieux de la fête de Noël, le Conseil régional d'Alsace a pris en charge, il y a quelques années, l'organisation de « Noëlies », manifestations diverses destinées à résister à la trop exclusive emprise commerciale.

À l'intérieur du cadre commun, des différences apparaissent. Pendant longtemps, la ferveur religieuse des protestants se concentrait sur Noël et sur le Vendredi Saint ; aujourd'hui,

Pâques a gagné du terrain. Seuls les catholiques fêtent l'Assomption de la Vierge Marie le 15 août. Quant aux protestants, ils ont ajouté au calendrier liturgique commun la fête de la Réformation, célébrée en octobre, qui commémore la naissance du protestantisme au XVIe siècle. Ils ne pratiquent pas les processions chères aux catholiques, surtout en milieu rural à l'occasion de certaines fêtes patronales ou de la Fête-Dieu. Les uns et les autres s'efforcent de redonner place et sens au temps du Carême, par le jeûne et par un engagement social.

Les juifs et les musulmans célèbrent aussi des fêtes qui inscrivent dans le temps présent les événements fondateurs et structurants de leur foi. Durant deux jours, les juifs célèbrent Roch Hachana, leur nouvel an, en souvenir du patriarche Abraham et du sacrifice du bélier à la place d'Isaac : le chofar – qui correspond aux cloches chrétiennes et au muezzin des musulmans – doit retentir cent fois pendant la célébration. La fête qui est la plus observée dans le calendrier juif est celle de Yom Kippour en septembre ou octobre, qui correspond à un temps de jeûne, de reconnaissance des péchés et de réconciliation. L'attention des non juifs est attirée particulièrement par la fête des Souccoth, célébrée pendant huit jours dans des cabanes. On n'oubliera pas la fête de Pessah, elle aussi célébrée pendant huit jours au printemps, fête dite « de pèlerinage », commémorant la sortie d'Égypte. Enfin, il y a Chavouoth, fête de la moisson et de la réception de la Torah juive de la main de Moïse, Hanouccah, fête de la lutte contre l'assimilation, et, moins importante, mais très populaire, la fête des Pourim.

Chez les musulmans émerge surtout le Ramadan, période de trente jours axée sur le jeûne et le recueillement, et qui débouche sur une fête finale, Aïd el Fitr. Le jeûne du Ramadan constitue un des cinq «piliers» de l'islam. Selon l'enquête déjà évoquée de l'IFOP de 2009, 70 % des musulmans français observent le Ramadan. On peut admettre que ce chiffre s'applique aussi aux musulmans d'Alsace. D'autres fêtes doivent être rappelées, comme l'Aïd el Kebir, la fête du mouton, qui rappelle le sacrifice d'Isaac, la fête de l'Hégire qui commémore le départ de Mahomet de La Mecque pour Médine, et la naissance de l'Oumma, c'est-à-dire de la communauté musulmane. Les autres fêtes (Al Mawlid, Al Israa et Achoura) semblent être moins importantes.

Si on prend en considération le cadre communautaire du vécu religieux, la question des locaux ne manque pas de se poser. Les religions établies depuis des siècles dans la région disposent, en général, d'églises ou de synagogues. Aux églises anciennes, remontant quelquefois au Moyen Âge, se sont ajoutées des constructions nouvelles au XIXe siècle, puis après la Deuxième Guerre mondiale. Entre 1870 et 1914, près de 150 églises catholiques et 72 églises protestantes ont été construites,[198] en particulier pour mettre fin, dans certaines localités, au régime du «simultaneum», ou par suite de l'établissement de protestants dans des lieux qui ne leur étaient pas accessibles jusque-là. De nombreuses synagogues ont aussi été édifiées tout au long du XIXe siècle. Un tiers des synagogues construites tout au long de ce siècle en France se trouvent en Alsace. En ce qui concerne les mosquées, elles sont nombreuses à avoir vu le jour au cours des dernières décennies, sans oublier la Grande Mosquée en construction à Strasbourg.

Cela dit, le vécu religieux communautaire ne se déroule pas seulement dans les églises, les synagogues et les mosquées. Il faudrait évoquer encore la pratique des retraites dans des communautés de type monastique et, pour les catholiques, la pratique des pèlerinages. En Alsace même, le mont Sainte-Odile en attire beaucoup, mais d'autres lieux tels que Thierenbach[199] et Marienthal accueillent aussi bien des fidèles, sans compter des lieux plus éloignés tels que Lourdes. De leur côté, les protestants se rendent en des lieux de mémoire tels que le musée du Désert dans les Cévennes ou encore, sur les traces de Luther, à Wittenberg et en d'autres lieux emblématiques de la vie de ce réformateur.

Pour bien des chrétiens, et davantage encore pour les juifs, un voyage en Terre Sainte est apprécié. Et on sait l'importance pour les musulmans du pèlerinage à La Mecque (le Hajj), même s'il ne touche qu'une minorité. Si nous sommes bien informés, chaque année une cinquantaine de fidèles de la mosquée de la rue du Faubourg-de-Pierre à Strasbourg se mettent ainsi en route pour ce pèlerinage qui dure un mois, rejoints par plusieurs centaines d'autres fidèles établis en Alsace.

Évoquons par ailleurs la célébration, dans un cadre religieux collectif, des grands événements de la vie personnelle. Catholiques et protestants pratiquent le baptême des enfants, puis la première communion et la confirmation. Certaines communautés protestantes libres comme les baptistes et les mennonites, et plus récemment les méthodistes, contestent cependant la pratique du baptême des enfants. Dans les grandes Églises, les baptêmes d'adultes qui ont trouvé ou retrouvé le chemin de la foi sont devenus plus nombreux : une soixantaine en 2000 dans le diocèse de Strasbourg. Supplantée souvent par le PACS ou des cérémonies simplement civiles, la célébration religieuse du mariage n'a pourtant pas disparu. Dans les années 2000, 4 000 mariages[200] étaient célébrés chaque année dans l'Église catholique en Alsace, près de 700 parmi eux étant des mariages mixtes catholiques-protestants.

En ce qui concerne les obsèques, il suffit de regarder la liste des faire-parts dans la presse quotidienne régionale pour constater que les cérémonies non religieuses sont rares.

L'insertion « liturgique » des jeunes dans la communauté et les rites de passage se pratiquent aussi chez les juifs et les musulmans. On rappellera chez les juifs la pratique du rite de la circoncision et, au temps du passage à l'adolescence, la célébration de la bar mitsva. Chez les musulmans, la naissance, mais aussi la circoncision, qui n'est cependant pas pratiquée par tous, donnent lieu à des fêtes.

Les rites religieux liés à la naissance se préparent, se prolongent et se concrétisent en général par une instruction. Il y a d'une part ce qui se passe à l'intérieur des communautés. Dans l'espace catholique, la formation porte davantage sur les rites, en particulier lors de la première communion, que chez les protestants. Les uns et les autres proposent cependant, à l'aide de méthodes pédagogiques diverses, une initiation à la foi chrétienne. L'instruction religieuse dure plusieurs années chez les protestants et se fait le plus souvent dans le cadre d'un catéchisme qui propose un enseignement sur la foi, la prière, les dix commandements et les sacrements.

L'instruction des jeunes se pratique aussi, bien sûr, chez les juifs et les musulmans. Chez les musulmans, l'instruction, commencée dès l'âge de sept ans, s'étend sur plusieurs années.

Dans le cas des cultes « reconnus », un enseignement religieux est assuré à l'école publique, enseignement dispensé par un personnel formé et mandaté par les autorités religieuses. À côté du cadre familial et du cadre ecclésial, il existe en Alsace, dans le cadre des cultes « reconnus », un enseignement religieux à l'école – différence notable avec le reste de la France, qui connaît seulement des aumôneries scolaires. Il ressort des réponses à l'enquête de 1998 que pour deux tiers des sondés, la famille vient en tête pour l'éducation religieuse, mais seule la moitié des protestants est de cet avis. En ce qui concerne l'enseignement religieux à l'école, une distorsion apparaît entre ce qu'affirment et attendent les parents et la pratique effective. Si entre 70 et 80 % des enfants fréquentent l'enseignement religieux dispensé dans les écoles élémentaires, le chiffre avoisine les 40 % pour les collèges et entre 5 et 10 %, voire moins, pour les lycées. Relevons encore les attentes concernant les objectifs de l'enseignement religieux à l'école : pour près de la moitié, il doit transmettre la foi, pour une autre moitié il doit enseigner l'histoire des religions. Deux tiers des enquêtés prônent l'éducation à la tolérance.

En Alsace se pose désormais la question de savoir comment et à quelles conditions faire place à un tel enseignement au culte musulman.

La piété des individus

Quelle religiosité personnelle émerge de l'encadrement cultuel et pédagogique des diverses religions ? Pour ce qui est des chrétiens, on peut relever, à côté de tout ce qui est commun, certaines différences. Du côté catholique, apparaît une piété portée sur les sacrements, au nombre de sept, alors qu'il n'y en que deux chez les protestants. Le catholique est sensible aux saints, à la Vierge Marie, aux pèlerinages. Traditionnellement, il ne récuse pas l'encadrement par l'Église et le corps sacerdotal. Du côté des protestants, la piété est plus spiritualisée, voire intériorisée. Elle est peu sensible aux médiations, en s'orientant principalement en fonction de la prédication. Elle tend à confondre religion et morale et est attentive aux espaces de liberté personnelle par rapport aux institutions et aux directives ecclésiales. La tradition protestante a fait place à l'individu, à la lecture personnelle de la Bible et d'ouvrages d'édification.[201]

En ce qui concerne les juifs, du moins ceux qui ont résisté à l'assimilation et à la sécularisation, des différences apparaissent entre ceux qui, originaires du Maghreb, « ont réactivé la dynamique religieuse, l'effervescence, la ferveur et la pratique exigeante, au détriment parfois de la quête intellectuelle »,[202] et ceux qui se soucient d'allier fidélité et attention aux défis de la modernité et de la réflexion critique. Selon Freddy Raphaël, les juifs alsaciens d'aujourd'hui sont « habitants de la double demeure ». Ils ont compris qu'il convient de résister à l'assimilation réductrice, de ne pas se laisser mutiler par tous ceux qui leur veulent du bien et prétendent leur simplifier la vie. Le juif est présent à l'Alsace, il participe à son histoire, mais sans se perdre en elle. Ce double mouvement d'adhésion et de distanciation, cette fondamentale ambiguïté de la proximité et de l'étrangeté, définit la condition spécifique du juif d'Alsace. « S'il veut être, affirme Claude Vigée, il lui faut accepter et la choucroute et le désert. »[203]

Ce double mouvement s'exprime en particulier dans la fête des souccoth : il y a « l'odeur du sapin, le houblon sauvage, les baies rouges de l'églantier et les nèfles qui garnissent les coins de la souccoth [et] évoquent les paysages de la campagne alsacienne et en restituent l'atmosphère. Cependant ce décor s'est enrichi de gravures qui figurent les ruelles étroites et mal pavées de la vieille ville de Jérusalem, les maisons ocres des anciens quartiers ou encore une tapisserie multicolore où se trouve répété à l'infini le mot qui scande l'espérance juive contemporaine, Shalom, la paix. »[204]

Les musulmans vivent aussi, à leur manière, la tension entre un ailleurs, celui des lieux saints musulmans, et l'environnement en France marqué par d'autres traditions. Les pratiquants tiennent, par les rites et les cérémonies, par l'usage aussi de la langue arabe, à maintenir le lien non seulement avec le Coran et ses commandements, mais avec une communauté religieuse qui s'étend sur des siècles et qui dépasse les frontières d'un pays. Beaucoup sont désireux d'observer les prescriptions alimentaires et le rythme de prière de leur religion, et se soucient de la transmission de la langue arabe et de la langue turque et des rudiments de la religion musulmane à leurs enfants.

La religion, le choix des prénoms et les attitudes devant la vie et la mort

L'imprégnation religieuse des individus ne se manifeste pas seulement par un certain type de piété, mais aussi par un certain nombre d'attitudes dans la vie quotidienne et sociétale.

Pendant des siècles, des différences apparaissaient entre catholiques et protestants pour le choix des prénoms. Certes, des prénoms communs demeurent tels que Georges, Johann, Catharina, Margareta, très répandus en Alsace. Mais à Strasbourg, au XVIe siècle,[205] des prénoms comme Odile, Claire, Thérèse, Joseph, Antoine, François, Bernard sont devenus rares dans l'espace protestant, alors que se répandent des prénoms bibliques tels Esther, Sarah, Anna, Elisabeth, Marie, Adam, Abraham, Daniel, Jacob et d'autres. Le prénom Adam se trouve encore à Uhrwiller, village surtout protestant, au XXe siècle.

Dans l'espace catholique s'affirme, à partir du XVIIe siècle[206] et en lien avec le rattachement de l'Alsace à la France, le prénom Louis. Chez les filles, Marie vient en tête, et, en lien avec la Contre Réforme, Françoise, Thérèse, Josèphe et Louise.

Chez les protestants, Marie reste en usage, mais ce prénom est associé le plus souvent à d'autres prénoms, ce qui donne : Marie-Anne, Anna Maria, Maria Magdalena, Maria Salomé, Maria Catharina. Le même phénomène se produit pour les prénoms masculins : Johann y est associé à Jacob, Georg et, à Strasbourg, à Daniel. Mais d'autres prénoms répandus au XVIIIe siècle sont Jacob, Georg, Philipp et Andreas. L'impact confessionnel sur le choix des prénoms s'est aujourd'hui bien atténué, tant sont nombreux les prénoms plus ou moins exotiques. Des traces cependant demeurent. Ainsi Frieda ou Lina apparaissent plutôt dans l'espace protestant et Odile dans l'espace catholique.

Chez les juifs, l'appartenance religieuse s'exprime souvent, mais pas exclusivement, par le choix de prénoms vétérotestamentaires. Les noms de famille expriment souvent, eux aussi, l'appartenance au judaïsme. Il en est de même d'ailleurs pour ce qui concerne l'identité des musulmans.

Dans un autre domaine, celui de l'apparence extérieure, l'appartenance religieuse peut s'exprimer. Cela concerne surtout les cheveux. Dans des Églises protestantes libres, plus strictes à cet égard, le chignon des femmes était encore, à une date récente, assez répandu, ainsi que, plus généralement, chez certaines femmes de pasteurs. On sait la place accordée à la barbe par certains mouvements, en particulier dans le judaïsme ou chez les amish, une branche des mennonites. À l'apparence physique s'ajoutent les signes distinctifs : la croix chez les chrétiens, la croix huguenote chez certains protestants, la kippa chez les juifs, le foulard chez les musulmans, sachant que ces derniers soulignent souvent que le foulard n'est pas une obligation religieuse proprement dite.

Portons encore notre attention sur la famille et sur la démographie. Jusque dans le dernier tiers du XXe siècle, les protestants alsaciens, à part les pasteurs, avaient moins d'enfants que les catholiques. Le géographe Étienne Juillard le constatait par exemple : en 1936, « dans trois communes protestantes du Kochersberg, prises au hasard, les familles de trois enfants et plus représentent 20, 33 et 34 % du nombre total des familles, alors que dans trois communes catholiques contiguës aux premières, ces pourcentages sont de 40, 65 et 67 %. Différence appréciable. »[207]

L'observation est corroborée par une enquête réalisée par Jacques Demange[208] en 1972-1973 à Bischwiller. Il relevait que les femmes catholiques entre 35 et 39 ans avaient 3,08 enfants, alors que les femmes protestantes du même âge avaient 2,38 enfants.

Même s'il n'est pas le seul à intervenir, le facteur religieux a manifestement joué un certain rôle. Il est clair pour un protestant que le mariage n'a pas pour but principal la procréation. Et d'autre part il est, en règle générale, acquis à l'usage des méthodes contraceptives les plus diverses. Comme le déclarait le Consistoire supérieur de l'ECAAL en juin 1979 : « Les moyens contraceptifs rendent possible la maîtrise de la fécondité, assumée dans le sens d'une parenté responsable selon trois dimensions : liberté du dialogue des cœurs et des corps, nourriture et expression privilégiée du couple qui veut durer ; la naissance d'enfants désirés, accueillis, accompagnés ; la prise en compte de la capacité éducative d'un couple donné. »

En fait, catholiques et protestants d'Alsace doivent aujourd'hui se poser des questions face à la baisse inquiétante de la natalité en Alsace. En 1974, le Bas-Rhin figurait à la 72e place parmi les départements français. En 2006, selon l'INSEE, la fécondité en Alsace était de 1,85 contre 1,99 dans le reste de la France. Serait-ce dû à la présence plus forte qu'ailleurs des protestants dans cette région, ou bien à l'indifférence des catholiques alsaciens face aux directives de l'Encyclique *Humanae vitae* ou d'autres directives de leur Église ? D'autres raisons sans doute ont encore joué qu'il n'est pas toujours facile de discerner.

L'appartenance confessionnelle, l'économie et les choix électoraux

On a pu montrer que dans les campagnes alsaciennes, au XIXe siècle, les fermes protestantes étaient en moyenne plus grandes et plus aisées que dans les villages catholiques. L'acquisition par les protestants de biens d'Église sécularisés par la Révolution a sans doute joué, ainsi que le nombre plus réduit d'enfants chez les protestants.

Dans le domaine de l'industrie, on sait la part prise par les protestants, à Mulhouse surtout, mais ailleurs encore (Goldenberg, Dietrich) dans l'industrialisation de l'Alsace. Était-ce lié à la valorisation extrême du travail par les réformateurs du XVIe siècle, opposée à la pratique religieuse coupée du monde ? « Celui qui travaille prie », disait Bucer.

Les patrons protestants du XIXe siècle, par exemple ceux de Mulhouse, se sont investis totalement dans leur entreprise.[209] Non seulement le patron travaille plus que tous les autres, mais le profit ne doit pas servir au luxe ni même à la vie personnelle de l'entrepreneur ou de sa famille ; il doit être réinvesti dans l'entreprise. L'ascèse intramondaine remplace l'ascèse monastique. L'austérité sera de mise pendant des générations de patrons protestants : ni bijoux, ni vêtements inutiles. « Pour le protestantisme, mulhousien surtout, l'entreprise était moins une vache à lait ou une poule aux œufs d'or qu'une sorte de Moloch auquel il fallait tout sacrifier, sa vocation première parfois, son travail, son argent et, sinon sa famille, du moins les individualités qui la composaient, invitées à se couler dans le moule et à s'identifier à l'œuvre collective. »[210] C'était d'ailleurs le plus capable, de par ses capacités et sa formation, qui assurait la succession. L'entreprise n'était pas répartie équitablement entre les enfants. Considérée comme une bonne œuvre voulue par Dieu, l'entreprise devait fournir du travail à tous. Tout en s'occupant paternellement de leurs ouvriers, de leur habitat et de leurs besoins divers, les entrepreneurs protestants se gardaient de « pratiquer une charité à fonds perdus qui ne fait qu'encourager la fainéantise ». Le protestant doit distribuer le travail, la bonne œuvre par excellence. Ces conceptions ont donné à maintes entreprises « protestantes » des fonctions religieuses et à leurs dirigeants des allures de pasteurs (Herbert Lüthy). Mais tout cela s'applique avant tout au XIXe siècle et non plus à la situation actuelle.

En ce qui concerne les juifs, on sait combien, jusqu'à l'époque moderne, ils étaient confinés aux métiers de marchand de bestiaux et de prêteur. D'autant plus qu'ils vivaient jusqu'au XIXe siècle presque exclusivement à la campagne. L'émancipation des juifs et leur urbanisation ont mis fin à cette situation. Les juifs sont actifs aujourd'hui dans les professions les plus diverses, en particulier dans les fonctions médicales.

À la question de savoir si la croyance religieuse exerce une influence sur leurs opinions politiques, la majorité des

Alsaciens répond en général « non ». Cela ressort d'une enquête, certes ancienne, de 1975,[211] auprès d'un certain nombre de Strasbourgeois. Le « non » l'emporte largement chez les catholiques (72 %) et chez les protestants (73,4 %), alors que les juifs sont plus partagés (53,5 % pour le « non », 43,7 % pour le « oui »). Pourtant, interrogés sur leur vote, les réponses des enquêtés variaient en fonction de leur appartenance confessionnelle :[212] 24,3 % des catholiques, 19,7 % des protestants et 7 % des juifs se situaient à droite de l'échiquier politique ; 39,6 % des catholiques, 35 % des protestants et 52,1 % des juifs se déclaraient centristes ; 19 % des catholiques, 24 % des protestants et 22,1 % des juifs votaient à gauche.

Jusqu'en 1918, les catholiques votaient en Alsace pour le Zentrum, puis pour l'UPR ; les protestants, en réaction contre ce qu'ils appelaient le « parti des curés », votaient pour les sociaux-démocrates ou pour les libéraux. Sous la IVe République, la distinction s'affirme encore nettement : « Les catholiques soutiennent en grande partie le MRP, à travers le clergé, l'Action catholique, le CFTC et l'AGR et par une presse active : *L'Ami du Peuple*, *Le Nouvel Alsacien* dans le Bas-Rhin (disparu en 1986) et *Le Nouveau Rhin Français* dans le Haut-Rhin (disparu dans les années 1960). Le MRP domine la vie politique en Alsace avec neuf députés sur quatorze en 1946 et onze sur quinze en 1956. Le parti gaulliste, qui comprend aussi parmi ses dirigeants plusieurs catholiques, est le principal bénéficiaire des voix protestantes, hormis la poussée mendésiste de 1956. »[213]

Par la suite, notamment sous l'influence du parti gaulliste, les clivages confessionnels traditionnels s'effacent. Les électeurs des deux confessions se retrouvent dans les divers camps, y compris dans le camp socialiste qui monte en puissance vers 1980. Des différences continuent pourtant de se manifester.[214] Pour prendre un exemple : lors des élections législatives de juin 1981, les villages essentiellement protestants de Wickersheim et d'Alteckendorf accordaient respectivement 29,7 % et 37,3 % au candidat socialiste, alors que, distants de quelques kilomètres à peine, les villages catholiques de Bossendorf et de Lixhausen ne lui accordaient que 12 et 7,5 %. La grande majorité des voix allait au candidat RPR, un protestant !

Nous manquons d'études plus récentes sur le sujet, y compris sur le vote des juifs et sur celui des musulmans. Un sujet pourtant a retenu l'attention au cours de la dernière décennie : c'est de savoir si le facteur confessionnel avait joué dans le nord de l'Alsace et en Alsace Bossue en faveur du nombre élevé de voix qu'y avait obtenu le Front national. Les protestants seraient-ils particulièrement favorables à ce parti ? En fait, une étude de Bernard Schwengler[215] a montré que d'autres facteurs ont joué, en particulier la variable socio-professionnelle : D'après lui, les cantons majoritairement ouvriers et employés accordent au Front national « des scores nettement plus élevés que les cantons constitués principalement de cadres et professions intellectuelles supérieures et de professions intermédiaires ». Or, en Alsace – et c'est particulier – les ouvriers vivent à la campagne. La distance entre les habitants de la campagne et les zones où résident les étrangers n'empêche pas, mais favorise au contraire le vote d'extrême droite.

CHAPITRE IX

Les religions dans l'espace public régional

Comme ailleurs, les religions ont marqué la région de leur empreinte.[216] La présence chrétienne et juive s'exprime à travers les édifices, souvent séculaires, dont certains, comme la cathédrale de Strasbourg, sont emblématiques pour la région.[217] Elle est à la fois un édifice cultuel et un des principaux symboles de l'Alsace à côté d'un autre lieu de mémoire religieux, le mont Sainte-Odile. Les musulmans recherchent aussi une présence visible à travers les mosquées.

L'apport des communautés religieuses à la société

Nous avons évoqué la place de la religion dans l'espace public en Alsace : elle contribue à créer du lien social et à surmonter la solitude de bien des individus en leur offrant des plages de vie communautaire. Ces plages concernent aussi bien les adultes et les personnes âgées que les jeunes, dont l'accompagnement à travers divers mouvements de jeunesse constitue jusqu'à nos jours, sous diverses formes, une des grandes préoccupations des communautés religieuses. À travers le cultuel, mais aussi au-delà de lui ou de la seule instruction catéchétique, l'effort d'éducation se poursuit, notamment à travers des groupes de jeunes et des études bibliques.

N'oublions pas, d'autre part, le lien entre culte et culture. La culture des siècles s'expose dans bien des églises. Elles sont aussi des lieux d'accueil privilégiés pour de nombreuses manifestations musicales. Leurs orgues et leurs chorales participent de façon notoire à l'effort culturel de la région.

Enfin, il convient de rappeler l'engagement caritatif et diaconal des Églises et des autres communautés religieuses. Leur service auprès des déshérités et des handicapés de la société, à travers des institutions spécialisées comme Caritas, le Centre Social Protestant, ou des établissements comme le Sonnenhof, coordonné aux efforts des autorités civiles en ce domaine, a une longue histoire et reste vivace et nécessaire jusqu'à nos jours.

Il faut évoquer aussi l'universalisme des religions. Aucune des religions présentes en Alsace n'est née dans la région. Et chacune vise d'une manière ou d'une autre l'universel et compte des fidèles ailleurs dans le monde. On a souvent souligné l'ultramontanisme des catholiques alsaciens et surtout du clergé, donc leur attachement à Rome, plus fort que celui des autres catholiques de France. Les luthériens et les réformés alsaciens ont des coreligionnaires dans le monde entier. Cela vaut pour les juifs, attachés particulièrement à la terre d'Israël. Les musulmans ont aussi leurs lieux saints en dehors de la région.

Dans cette perspective, les religions ont pour mission d'appeler les habitants de la région et les autorités civiles à dépasser un enfermement provincialiste, et d'être ouverts à ce qui existe au-delà de la région, voire de la France.

Cela dit, les autorités civiles de l'Alsace, mais aussi les responsables des communautés religieuses, s'efforcent de ne pas importer en Alsace les conflits et les tensions du Proche-Orient. Les uns et les autres savent que ces conflits n'ont pas d'abord ou seulement des racines religieuses, mais qu'ils portent avant tout sur des différends territoriaux et politiques. Ces conflits ne doivent pas peser sur la coexistence pacifique des religions en Alsace. C'est pourquoi, le 8 janvier 2009 et à l'invitation du maire de Strasbourg Roland Ries, un «Appel de Strasbourg» était lancé par les quatre principaux cultes présents en Alsace. C'était au plus fort de l'opération militaire israélienne «Plomb durci» dans la bande de Gaza. Sans taire ou minorer les souffrances vécues là-bas, cet appel voulait empêcher qu'elles se répercutent par des dérives violentes en Alsace.

Convaincus de l'apport important des religions à la vie sociale en Alsace, Adrien Zeller, président du Conseil régional, et les autorités régionales ont institué il y a quelques années des rencontres interreligieuses appelées «Rendez-vous avec les religions». En 2010, la troisième édition de ces rencontres se déroulait à Sarre-Union, Saverne et Strasbourg.

Les religions et les langues

Si, du côté catholique, le latin s'est maintenu, comme ailleurs, jusqu'au XXe siècle pour la célébration de la messe avant d'être supplanté dans les années 1950 par la langue française, l'allemand fut également en usage dans certains offices, en particulier pour le chant et la prédication. Il fut utilisé aussi jusqu'au XXe siècle dans l'enseignement catéchétique. La place de l'allemand était encore plus nette dans les Églises protestantes. Le passage du latin à l'allemand dans les cultes s'effectua dès le XVIe siècle. L'impact de Luther, de sa traduction allemande de la Bible, de son *Petit Catéchisme* et de ses trente-huit cantiques a été fondamental pendant des siècles. D'autres apports s'y sont ajoutés tels que les cantiques de Paul Gerhardt ou celui des livres d'édification, tels le *Wahres Christentum* d'Arndt ou le *Betkämmerlein* de l'Alsacien Lenz au XVIIIe siècle.[218] Pendant des siècles, c'est aussi en allemand ou en alsacien qu'était donné l'enseignement catéchétique, de même d'ailleurs que l'enseignement religieux à l'école, encore entre les deux guerres mondiales, et qui comportait plusieurs heures hebdomadaires.

Dans l'Église catholique sont célébrées occasionnellement des messes en alsacien. Mgr Doré a fait représenter la Passion de Jésus en alsacien à la cathédrale.

Par contre, si l'usage de l'allemand a largement disparu aujourd'hui dans l'Église catholique, sauf pour la représentation de la Passion à Masevaux et l'utilisation fervente mais occasionnelle de deux cantiques, *Großer Gott, wir loben dich* et *Stille Nacht*, l'allemand se maintient, de manière réduite certes, dans l'espace protestant, en particulier en Alsace du nord et dans cinq paroisses strasbourgeoises où l'on célèbre régulièrement un culte en allemand et un autre en français, en utilisant un recueil de cantiques allemand commun aux Églises de Bade, du Palatinat et d'Alsace.

Pour ce qui est des célébrations juives, elles utilisent toujours l'hébreu pour la lecture de la Torah, mais aussi le français. Chez les musulmans, l'arabe et le turc occupent une certaine place à côté du français.

Le rôle joué dans le passé par les clercs au service de l'identité régionale

Le rôle des clercs sur le plan culturel, mais aussi sur le plan politique, était d'autant plus fort que de nombreux représentants de l'élite culturelle avaient quitté la région en 1870 ou en 1918.

De 1874 à 1918, les prêtres représentent 30 % des sièges alsaciens au Reichstag.[219] On peut citer une série de noms de clercs engagés sur le plan politique : les abbés Delsor, Wetterlé, Guerber, Simonis, Haegy, le chanoine Eugène Muller, et, chez les protestants, le pasteur Georges Wolff. Les uns et les autres se sont engagés dans le combat politique pour préserver la spécificité de l'Alsace, à la fois sur le plan religieux et sur le plan linguistique, soit face à la France, soit face à la Prusse. Cet engagement des clercs, notamment au sein des partis catholiques, distingue l'Alsace de bien d'autres régions françaises, voire allemandes. Et les liens étroits noués entre la population d'Alsace et les curés et pasteurs s'exprimèrent encore par la résistance commune aux autorités nazies, plus précisément à leur hostilité face à la religion.

Dans une étude récente et suggestive, Jean-Marie Woehrling[220] a soutenu la thèse qu'en Alsace l'identité religieuse avait agi comme un substitut à l'identité régionale. « Celle-ci était impossible à affirmer puisque trop marquée par une dimension allemande : la langue, le tempérament, la spiritualité et la sensibilité religieuse alsacienne rappellent trop les traits allemands ou “alémaniques” et “rhénans”. Compte tenu du caractère éminemment problématique de l'identité régionale, c'est le facteur confessionnel qui est devenu lui-même, durant une partie de l'histoire récente, l'élément central de l'identité des Alsaciens. [...] La force de l'engagement religieux explique la faiblesse des revendications régionales / nationales aussi bien au XIXe qu'au XXe siècle. Les Alsaciens ont été plus soucieux de conserver une société catholique qu'une société régionale. »

Par ailleurs, le particularisme religieux était plus facile à accepter par la République que la revendication régionaliste proprement dite, si bien que les efforts pour supprimer le droit local des cultes ne furent guère intenses.

Le jugement de Jean-Marie Woehrling sur le rôle joué par les Églises au service de l'identité régionale est ambivalent. D'un côté, il souligne le rôle longtemps joué par les Églises au service de cette identité dans le domaine des langues. Il estime que l'affaiblissement des Églises et la marginalisation du religieux affaiblit aussi la quête et l'affirmation de l'identité régionale, ou réduit la culture «alsacienne» à n'être qu' « une resucée de la culture globalisée mise au parfum régional» et «l'abandon aux visions laïcistes et généralement antireligieuses des médias français». D'un autre côté, il est d'avis que les Alsaciens ont trop privilégié la religion et les intérêts de l'Église en négligeant les intérêts de la région.

On peut se demander si cette analyse rend justice aux forces politiques cléricales ou autres qui, dès avant 1914, puis au temps de l'autonomisme après 1918, se sont engagées au service d'institutions régionales et de défense de la langue. Elles ne se sont pas contentées de défendre la société religieuse, qui n'était d'ailleurs pas tellement menacée avant 1914, sauf au moment du *Kulturkampf* mené par Bismarck. Par ailleurs, après 1918, il y eut des hommes politiques tels que Camille Dahlet, [221] très engagé à partir de 1919 au service des *Heimatrechte* et de l'autonomisme, tout en prenant ses distances à l'égard de la coloration cléricale de certaines orientations émanant en particulier de l'Union populaire républicaine (UPR).

Limites de l'action des religions au service de l'identité régionale

Plusieurs limites ont entravé dans le passé l'influence des religions sur l'affirmation de l'identité régionale, et se manifestent encore aujourd'hui. Il faut évoquer d'abord l'instrumentalisation des Églises et de leurs ministres par les divers régimes. Aussi bien du temps allemand entre 1870 et 1918, voire entre 1940 et 1945, que du temps français entre 1918 et 1939, puis après 1945, les autorités politiques ont cherché à utiliser les Églises pour une politique d'assimilation à la culture nationale. Le statut local des cultes, en particulier le droit de regard sur les nominations des ministres, dont les titulaires doivent être confirmés par le gouvernement, mais aussi le rôle attribué aux évêques et aux inspecteurs ecclésiastiques s'y prêtaient. Au sortir de la dernière guerre par exemple, seuls étaient nommés inspecteurs des pasteurs « sûrs » sur le plan politique, même s'ils figuraient en dernière place sur la liste des trois candidats choisis par une inspection et présentés au gouvernement. Et, jusque dans les années 1960, les pasteurs en voie de titularisation recevaient la visite d'un agent des Renseignements généraux, qui s'enquérait de leur opinion politique et de leur utilisation de la langue française dans leur activité pastorale. C'est dire que la défense de l'identité régionale, en particulier le bilinguisme, n'était pas recommandée. Bien des ministres obtempéraient d'ailleurs, convaincus qu'il fallait obéir aux autorités politiques légitimes. De fait, à toutes les époques, les clercs étaient partagés entre ceux qui voulaient promouvoir l'assimilation et d'autres, désireux de préserver le particularisme alsacien. De manière générale cependant, l'État n'intervient plus guère aujourd'hui dans les affaires internes de l'Église, ni même sur son discours politique.

Nous avons déjà évoqué le cléricalisme, à l'œuvre jusque dans un parti politique tel que l'UPR. La confiance des Alsaciens en leurs prêtres et pasteurs a conféré à ces derniers une grande influence, y compris dans le domaine politique.

Ils ont poussé ainsi leurs paroissiens à souscrire à l'emprunt destiné à soutenir l'effort de guerre entre 1914 et 1918. Ils ont pris la défense de l'Église et du statut scolaire sans négliger d'autres causes touchant à l'Alsace. À l'une ou l'autre exception près, l'engagement politique direct des prêtres a cessé aujourd'hui. Quelques pasteurs par contre se sont engagés, avec succès ou non, dans le cadre local ou régional.

L'emprise du clergé sur les fidèles, autre forme d'engagement politique, n'a pas manqué de susciter des résistances, surtout à partir de 1945. Ainsi, le temps des consignes de vote est en grande partie révolu.

Qu'en est-il du discours politique de l'Église ? Selon une enquête de 1973 à Strasbourg, 32 % des catholiques, 27,5 % des protestants et 42,3 % des juifs enquêtés étaient favorables aux prises de position publiques des chefs religieux sur les problèmes politiques.[222] À la même époque, les protestants enquêtés à Horbourg et Sarre-Union estimaient à 71 et 83,5 % que l'Église devait condamner toutes les guerres, mais ils étaient 60 et 78 % pour refuser les prises de position politiques de l'Église. Seule une majorité de cadres supérieurs semblaient y être favorables. L'enquête de 1998 montre en revanche d'évidentes réticences des fidèles à l'égard des prises de position sociopolitiques des Églises. Tant les catholiques que les protestants y sont, en majorité, opposés. Seule la condamnation du racisme trouve l'adhésion de 40 % des enquêtés.

Il faut enfin s'interroger sur la vitalité ou le repli des Églises dans la société actuelle en Alsace. Le statut concordataire n'a pas seulement des effets positifs. Il a souvent démobilisé les laïcs, dont le soutien financier n'est pas aussi nécessaire que dans le reste de la France, et qui peuvent se contenter d'utiliser l'Église soutenue par l'État comme un prestataire de service auquel on fait appel pour les moments clés de l'existence, sans s'engager davantage. Et la fonctionnarisation guette les ministres. D'ailleurs, c'est leur présence ou non en un lieu donné qui, selon les textes officiels, fait qu'il y ait paroisse. Les laïcs peuvent alors devenir de simples consommateurs du religieux, géré par les ministres.

Il convient par ailleurs de relever la marginalisation des religions, en Alsace comme dans le reste de l'Europe, par rapport à la société. Les Églises et communautés religieuses ont de la peine à toucher leurs contemporains, en particulier les distanciés de l'Église, et à prendre en compte les attentes de la société. En ce qui concerne l'identité régionale, doit-on aller jusqu'à dire que l'affaiblissement de l'identité régionale porte dommage aussi aux Églises ? Quoi qu'il en soit, l'affaiblissement des religions et de leur rayonnement n'a pour l'instant pas porté atteinte à l'attachement des Alsaciens au droit local des cultes, mais des convictions religieuses incertaines et une baisse de la pratique religieuse ne manquent pas de réduire l'influence du religieux sur le vécu des Alsaciens.

CHAPITRE X

Associations, écologie, patrimoine : d'autres référents d'identité

À côté de la langue et de la religion, d'autres référents de l'identité doivent être évoqués. Ils caractérisent l'identité vécue de manière non verbale. Les Alsaciens partagent certains de ces référents avec les autres habitants du Rhin supérieur. D'autres renvoient plutôt à l'espace français. Il convient, certes, là aussi, d'être prudent et de se méfier des clichés. Si nous mettons en avant quelques référents non verbaux, cela ne veut pas dire qu'on peut les trouver chez chaque Alsacien aujourd'hui. Il s'agit plutôt de tendances ou de mentalités collectives, présentes chez un grand nombre voire chez une majorité. Les individus y participent plus ou moins, tout en ayant leur identité propre.

Il est nécessaire de parler d'abord de la musique. Il existe environ huit cents chorales en Alsace, avec 42 000 chanteurs. Les écoles de musique de Strasbourg comptent 3 600 élèves. Des sociétés de musique sont actives un peu partout. Dans presque chaque église se trouve un orgue, contrairement aux autres régions de France : il y en a 1 200 en Alsace, un sixième du nombre total en France. Les cloches aussi sont très présentes.

Davantage que dans d'autres régions françaises, on aime marcher. On retrouve dans la région la *Wanderlust* allemande. Les marches populaires sont en vogue. Des centaines de kilomètres de chemins tracés balisent les Vosges. Le Club Vosgien, créé au temps du Reich allemand, comptait en 2010 113 associations locales et 33 500 membres.[223]

L'importance du chez-soi, de l'habitat, est frappante. Les Alsaciens font des efforts considérables pour devenir propriétaires d'une maison ou d'un appartement et pour l'aménager de manière plaisante.

L'influence française se retrouve dans les vêtements. La cuisine française est de plus en plus répandue, même si certaines spécialités comme la tarte flambée, le pot-au-feu ou le kougelhopf restent appréciées et que les Alsaciens continuent de manger plus de charcuterie que les autres Français. La culture de la vigne remonte à l'époque gallo-romaine, et le vin est bon. Les nombreux fromages français sont appréciés. Et le pain est obligatoire, même pour accompagner les plats chauds.

Qu'en est-il des valeurs, et des priorités attachées à ces valeurs ? Il faut évoquer ici le rapport au travail. Non pas que les Alsaciens soient plus travailleurs que d'autres. Mais ils aiment le travail bien fait. Et ils veulent qu'il débouche sur des résultats concrets. C'est pourquoi l'artisanat est mieux considéré que dans le reste de l'Hexagone. Près de 20 % de la population travaille dans les quelque 22.000 entreprises artisanales de la région. Il faut évoquer aussi l'amour de l'ordre et de la propreté. Le nettoyage, avant Pâques par exemple, tient presque du rituel religieux.

Ce qui frappe encore, c'est l'intérêt porté à la vie associative et au bien commun. Aujourd'hui, près d'un Alsacien sur deux fait partie d'une association, alors que, selon une enquête de l'INSEE de 2008 et rendue publique en 2010, un tiers des personnes de plus de seize ans, en France, sont membres d'une structure associative. Seule une commune sur six n'a pas son club de football. Mais, au-delà du club local, les fans de football ne manquent pas de suivre avec passion les prestations du club phare de la région : le Racing Club de Strasbourg qui fait assurément partie du paysage, voire de l'identité de bien des Alsaciens.

L'attachement à la région, au « pays », est remarquable et s'exprime dans des chansons telles que *Des Elsass unser Ländel* (Que notre Alsace est belle)[224]. Des monuments symboliques tels que la cathédrale[225] et d'autres lieux chargés d'histoire jouissent d'une grande popularité[226]. Dans cette petite région, on compte 119 sociétés d'histoire et 70 musées. Les lieux de mémoire propres à l'Alsace sont chers au cœur des Alsaciens qui s'y rendent souvent et en grand nombre.[227] Le site le plus fréquenté en Alsace est le mont Sainte-Odile. Il attire près d'un million de visiteurs chaque année, dont environ 10 % de pèlerins. D'autres sites religieux tels que Marienthal, Les Trois-Épis et Thierenbach sont avant tout des lieux de pèlerinage. Du côté protestant, le village de Waldersbach, en particulier son musée Oberlin, attire lui aussi de nombreux visiteurs, intéressés par l'action du célèbre pasteur et pédagogue du Ban de la Roche. On y ajoutera des sites tels que Gunsbach qui conserve la mémoire d'Albert Schweitzer, et Sessenheim avec son mémorial Goethe.

Le souvenir des guerres est entretenu par les sites militaires de Froeschwiller, du Linge, du Vieil Armand ou encore celui du Struthof qui fut un camp de concentration pendant la dernière guerre. Ce dernier site est complété depuis quelques années par le Mémorial de Schirmeck.

Il faut évoquer aussi la préoccupation écologique. Elle est ancienne en Alsace. On la trouve déjà chez Albert Schweitzer, célèbre philanthrope, musicien et théologien, décédé en 1965. L'un des concepts clefs de sa pensée et de sa pratique a été celui du respect de la vie. L'installation d'une centrale nucléaire à Fessenheim a suscité, dans les années 1970, un puissant mouvement de contestation. Depuis 1965, une association, *Alsace Nature*, fédère tout un ensemble d'associations de protection de la nature et de l'environnement en Alsace, qui se préoccupent aussi bien de l'état de l'eau et de la forêt que d'autres problèmes de l'environnement. Il y a quelques années était mise en place une association agréée pour la surveillance de la pollution de l'air en Alsace.

On a pu constater dans les programmes des candidats pour le Conseil régional en 2010 combien les préoccupations écologiques qu'ils discernent chez les électeurs ont retenu leur attention. Selon une enquête de 1992, l'état de l'eau, notamment de la nappe phréatique, était la première préoccupation des Alsaciens. On ne s'étonnera pas que les scores obtenus par les écologistes aient depuis toujours dépassé le taux obtenu au plan national. On peut comprendre le souci écologique des habitants d'une petite région si densément peuplée. Par ailleurs, le voisinage de l'Allemagne, où la préoccupation écologique est ancienne et forte, y est sans doute pour quelque chose.

Plus que ce n'est le cas dans l'espace germanique, la notion de liberté, héritée en particulier de la Révolution française, a marqué l'Alsace. « Ici commence le pays de la liberté » : un panneau portant cette inscription se trouvait à l'entrée de Strasbourg pour proclamer, au temps de la Révolution, l'attachement à la liberté face à tous ceux qui voulaient passer le Rhin. C'est en grande partie la Révolution française qui a gagné le cœur des Alsaciens à la France. Les efforts du nazisme pour aligner les Alsaciens se sont heurtés à ces tendances libertaires.

Comme beaucoup d'autres Français, les Alsaciens ont développé une forte tendance à la critique. On critique les autorités politiques, on critique les supérieurs hiérarchiques. Parallèlement, l'obéissance est une valeur répandue. Par ailleurs, certains hommes forts tels que le général de Gaulle ont été très populaires en Alsace.

Enfin il faut évoquer chez les Alsaciens, comme pour d'autres Français, l'importance attribuée aux décorations, comme par exemple la Légion d'honneur qu'on aime exhiber. Certains Alsaciens, plus critiques, dénoncent les « chasseurs de rubans ». En Allemagne on court plutôt après les titres : là-bas, chacun rêve de s'appeler « Herr Doktor » !

Des Elsass unser Ländel[228]

Des Elsass unser Ländel, *des isch meineidi scheen* *Mer hewwe's fescht am Bändel* *un lon's minsechs nit gehn* *Jüchhe! Un lon's minsechs nit gehn!*	L'Alsace, notre petit pays, est sacrément belle, Nous la tenons bien fort et ne la lâcherons pas. Jüchhe! Et ne la lâcherons pas!
Es sott's nur einer wöje *un sott es griffe an!* *Mr halte alli zamme* *un stehn fir's Mann fir Mann,* *Jüchhe!*	Que quelqu'un ose L'attaquer Nous ferons face tous ensemble debout, tous, un à un. Jüchhe!
Im Elsass isch guet lewe, *Des wisse alli Litt* *Do gibt's jo Feld un Rewe,* *un's Herz wurd aim so witt,* *Jüchhe!*	En Alsace il fait bon vivre tout le monde le sait Il y a des champs et des vignes et le cœur s'ouvre largement. Jüchhe!
Mr liewe unser Ländel *un sin jo sini Söhn,* *Mr hewe's fescht am Bändel* *un lon's minsechs nit gehn,* *Jüchhe! Jüchhe!*	Nous aimons notre petit pays Et nous sommes ses fils, nous le tenons bien fort et ne le lâcherons pas. Jüchhe! Jüchhe!

Traduction Annemarie Lienhard

CHAPITRE XI

Identité et altérité

L'affirmation de l'identité va souvent de pair avec la quête de l'identique. Bien souvent narcissiques, nous aimerions que tous soient comme nous, qu'ils aient les mêmes opinions et les mêmes comportements. Une telle attitude se trouve aussi chez les Alsaciens. D'où un regard souvent méfiant sur l'autre, qui peut aller jusqu'à l'hostilité. L'autre vit de l'autre côté du Rhin. Mais les Alsaciens se méfient aussi parfois de ce qui se passe de l'autre côté des Vosges. L'histoire les ayant souvent malmenés, ils s'affirment en prenant leurs distances. Ils le font également à l'égard des immigrés qui s'installent dans la région. Et, entre les Alsaciens de souche, bien des raisons sociales, politiques ou religieuses suscitent ou entretiennent la méfiance, voire le rejet.

Les Alsaciens et leurs voisins

Bien des facteurs rapprochent, certes, les Alsaciens de leurs voisins de l'autre côté du Rhin. Pendant des siècles, les uns et les autres ont fait partie de la même entité qu'était l'Empire romain germanique. Un territoire comme celui du Hanau-Lichtenberg s'étendait des deux côtés du Rhin. C'était aussi le cas du diocèse de Strasbourg. Le dialecte alsacien est proche du parler badois. Près de 12 % des Alsaciens travaillent aujourd'hui en Allemagne. Nombreux sont les Strasbourgeois qui vont faire leurs achats à Kehl. Et bien des associations alsaciennes font leurs excursions de l'autre côté du Rhin.

Pourtant, s'il y a du respect, voire de l'admiration pour les Allemands, on ne peut pas dire que ce soit le grand amour ! Depuis des siècles, les Alsaciens se méfient des « Schwowe », nom générique qui vient de « Souabe », mais qui désigne aujourd'hui l'ensemble des Allemands. La prise de distance s'est renforcée au XVIIIe siècle. Comme l'a relevé Bernard Vogler, « la fermentation révolutionnaire suscite une intense effervescence intellectuelle pour la presse et les pamphlets. Strasbourg est devenu un centre actif de propagande vers l'Allemagne ».[229] Le mouvement se poursuit tout au long du XIXe siècle, même si la volonté se fait jour de maintenir ou de renouer les liens avec l'Allemagne.

Les trois guerres franco-allemandes ne sont pas restées sans effet sur le regard porté par les Alsaciens sur les Allemands. Le violent bombardement de Strasbourg en 1870, la destruction de la Bibliothèque universitaire et d'autres trésors culturels ont suscité l'indignation des Strasbourgeois, privés comme tous les Alsaciens de la possibilité de dire s'ils voulaient, ou non, être rattachés à l'Allemagne. Même si, sur le plan culturel et social, l'Alsace a connu des avancées notables au temps du *Reichsland*, l'emprise de la Prusse fut ressentie comme pesante. À l'occasion d'affaires comme celle de Saverne,[230] l'animosité des Alsaciens face aux Allemands se manifesta.

Ce fut encore plus net après la guerre 1914-1918, même si les retrouvailles avec la France n'ont pas été simples, et que les Alsaciens durent se battre pour le maintien du droit local et de l'usage de la langue allemande. Comme nous l'avons relevé, la méfiance vis-à-vis des Allemands se manifesta notamment à l'université, mais encore dans d'autres cercles.

Le nazisme et l'oppression qui s'abattit sur l'Alsace, comme nous l'avons évoqué,[231] renforça la distance. Après 1945, un certain nombre d'Alsaciens et d'autres Français firent l'amalgame entre le nazisme et l'Allemagne. Le terme de « Boches », bien plus hostile que celui de « Schwowe », se répandit. Nous avons connu des Strasbourgeois qui, pendant des décennies, n'ont plus mis les pieds de l'autre côté du Rhin. Que dire de cet incident qui éclata un jour dans un tramway strasbourgeois : deux jeunes y sont tendrement enlacés, un jeune homme d'origine africaine et une jeune fille blanche. Un Allemand exprima son indignation en parlant de « *Rassenschändung* » (dépravation raciale). Alors un Strasbourgeois l'apostropha : « *Dü Dreckschwob* (toi, sale boche), nous ne sommes pas racistes à Strasbourg » !

Mais l'autre, dont on n'aime pas l'altérité, en craignant le dommage qu'il pourrait porter à l'identité alsacienne parce qu'il l'a fait dans le passé, ne se trouve pas seulement de l'autre côté du Rhin. Il y a aussi le Lorrain, pourtant si proche par la géographie, l'histoire, la nationalité et, pour la Moselle, la langue. Beaucoup d'Alsaciens n'aiment pas les Lorrains. Faut-il évoquer à ce propos des haines ancestrales liées à l'écrasement des paysans alsaciens par le duc de Lorraine en 1525 ? Il y a sans doute d'autres raisons encore, d'autant plus étonnantes que la réciproque ne semble pas s'appliquer. Les Lorrains ne détestent pas les Alsaciens, peut-être même les envient-ils. Mais, en Alsace, même les stéréotypes ont la vie dure. Qui n'a pas entendu tel Alsacien se moquer des fermes lorraines avec le fumier devant la maison ? Et on aime citer l'adage : « Lorrain, vilain, traître à Dieu et au prochain » ! Les Alsaciens disent encore : « *Hüte dich vor den Lothringern* » (méfie-toi des Lorrains). Cela dit, il faudrait nuancer le propos. La réunion, à partir de 1870, de l'Alsace avec la Moselle, donc une partie de la Lorraine, et le vécu commun douloureux, entre 1940 et 1945, ont incontestablement rapproché les Alsaciens et les Lorrains de Moselle.

Quant au regard porté par les Alsaciens sur les autres Français, il n'est pas toujours amical. Certes, les Alsaciens admirent et apprécient la culture et la gastronomie françaises, ils aiment fréquenter les hauts lieux de l'histoire de France, ils sont sensibles à la beauté de la langue française, qu'ils ne maîtrisent pas toujours comme ils le voudraient. Ils se sentent français, mais ils n'apprécient pas la suffisance d'un certain parisianisme et ont l'impression que certains compatriotes les considèrent comme des ploucs, ou les soupçonnent d'être restés des Germains dans l'âme.

Voici ce qu'écrit le frère Médard à ce sujet : « Nous apprécions, il va de soi, l'esprit français, sa logique et sa clarté, sa finesse et son élégance, son mélange d'intelligence et de sensibilité, de réflexion et de spontanéité, son amour de l'abstrait qui donne naissance à l'esprit de système. Mais quel est l'Alsacien qui ne reproche pas à ses concitoyens des autres provinces leur manque de sens du concret et du réel, leur éternelle improvisation, leur amour de l'utopie et du panache, leur esprit brillant, critique et de supériorité, dû à cette culture que tout Français croit parfaite. »[232]

Les Alsaciens et les immigrés

Nous avons évoqué plus haut[233] le phénomène de l'immigration, plus ou moins importante selon les époques.

Elle marque aujourd'hui le visage des grandes villes et de certaines agglomérations moins importantes. Le plus souvent, au cours des âges, les immigrés se sont bien intégrés dans la région. Mais, au départ, ils ne furent pas toujours bien accueillis. Les Alsaciens ont forgé à leur propos de terme de *Hergelofeni* (en allemand « hergelaufen », venus d'ailleurs). Il traduit bien le jugement porté sur eux : ils ne sont pas nés dans la région, ils sont différents, donc il faut s'en méfier.

À l'aube du XVIe siècle, la population strasbourgeoise n'apprécie guère que la plupart des clercs soient venus de l'autre côté du Rhin, en particulier de Souabe.

Dans la seconde moitié du XVIe siècle, tout en continuant à accueillir des réfugiés protestants originaires du Royaume de France et d'ailleurs, les autorités de la ville commencent à prendre des mesures plus strictes pour les encadrer et limiter leur nombre. Elles se méfiaient des « welches ». Le chef de l'Église évangélique de Strasbourg, Jean Marbach, les qualifie de « têtes singulières » (*seltsame Köpf*). Sleidan, célèbre historien, va jusqu'à parler de *Welschgesindlin* (« racaille welche », avec un diminutif qui atténue le propos !). Les autorités civiles veulent conserver le caractère allemand de la ville.

Une certaine méfiance se perpétue à travers les siècles. On a peur de l'étranger qui veut s'installer dans la région et qui, pense-t-on, va prendre les places des autochtones. La peur est d'autant plus forte aujourd'hui, dans certains villages notamment, qu'on ne les connaît pas bien, car ils vivent surtout dans les villes. Certains les rencontrent seulement dans les grandes surfaces commerciales ou dans le tram. Dès lors, la méfiance devient encore plus irrationnelle. L'étranger devient une figure quasi mythique qui suscite la répulsion. Même tel industriel bien établi que nous avons rencontré donne discrètement la consigne de ne pas engager d'Arabe ou d'Africain dans l'entreprise. Chez tel Alsacien qui a participé à la guerre d'Algérie, des souvenirs semblent remonter quand il constate l'arrivée des Maghrébins en Alsace. « Je connais les Bougnouls depuis la guerre d'Algérie, déclare tel maire d'un village, je ne leur fais pas confiance. » C'est pourquoi, déclare-t-il, il va voter pour le candidat du Front national qui, lui au moins, s'oppose à l'immigration et à l'arrivée des « Bougnouls ».

En effet, on sait combien le thème de l'immigration, surtout extra européenne d'ailleurs, jugée nocive aux emplois des Français et à la paix civile, est utilisé par l'extrême droite, non sans un certain succès dans une région comme l'Alsace.

Qu'en est-il du regard porté par les immigrés et les étrangers sur les Alsaciens ? Dans le passé, leur intégration se faisait sans trop de difficultés, surtout s'ils étaient originaires des régions environnantes. La volonté de s'intégrer était flagrante, au point que des Allemands venus de l'autre côté du Rhin et désireux de rester en Alsace se sont efforcés, souvent avec succès, de surmonter leur altérité originelle et de s'assimiler le plus vite possible à la société alsacienne. Eux-mêmes et leurs descendants sont souvent devenus d'ardents patriotes français, désireux de faire oublier leur origine et de prendre à leur compte l'identité alsacienne, voire l'identité française dans sa globalité.

L'intégration des immigrés désireux de s'établir dans la durée en France semble se faire plus difficilement aujourd'hui, du moins pour la première génération, même si l'école la facilite pour les générations suivantes.

Étant donné leur nombre, un certain nombre d'immigrés se rassemblent surtout entre eux, en particulier pour leurs pratiques religieuses, et dans des groupes où ils se réunissent en fonction de leurs origines. Le regard porté sur la société environnante n'est pas toujours positif. Ils déplorent le racisme dont ils sont souvent les victimes. La quête difficile d'un logement ou d'un travail conforte leur sentiment d'exclusion et une certaine distance par rapport aux autochtones.

L'identité et l'altérité religieuse

La diversité des religions présentes en Alsace n'a pas toujours été vécue de manière sereine. La méfiance et la stigmatisation, voire l'oppression de celui qui appartenait à une autre religion ou confession, se sont manifestées à travers les siècles, même si, dans le rejet de l'autre, les motivations religieuses se mélangeaient avec d'autres raisons, culturelles ou sociales. Longtemps, ce furent les clercs qui attisaient le rejet et la haine de l'autre, tout en admettant, en principe, qu'il fallait rejeter les idées et les pratiques et non les personnes. Mais cette distinction ne fut pas toujours appliquée, à commencer par l'attitude à l'égard des juifs.

Nous avons vu combien difficile fut, malgré des périodes d'accalmie, la condition des juifs au Moyen Âge, et encore jusqu'à la Révolution française.[234] Il est vrai que, à la différence de ce qui se passait dans le Royaume de France ou en Espagne, ils ne furent que rarement expulsés de la région. Les stéréotypes appliqués aux juifs sont connus. Ils sont considérés comme déicides, car ce sont eux qui ont crucifié Jésus. Leurs croyances et leurs rites, voire leur apparence extérieure, sont stigmatisés. Tout en commerçant avec eux et en les réduisant le plus souvent à leur profession de marchands, on les stigmatise comme usuriers.

Certes, il faudrait apporter toutes sortes de nuances. Si les conciles, les évêques et les clercs, mais aussi des pasteurs protestants tels que Bucer prônent la mise à l'écart des juifs et énoncent toutes sortes d'interdits à leur égard, les relations avec les juifs n'en furent pas rompues pour autant au niveau des populations ou de certains clercs comme le théologien protestant Wolfgang Capiton au XVIe siècle. Bien des exemples de cohabitation paisible entre chrétiens et juifs sont attestés tout au long des siècles, en particulier au XIXe siècle. Mais, bien souvent, en temps d'épidémie ou de crise économique, les juifs servirent de bouc émissaire et furent durement opprimés, voire massacrés, comme à Strasbourg en 1349. Roland Oberlé a décrit les « Heurs et malheurs d'une cohabitation aux XVIIe et XVIIIe siècles ».[235] Un antijudaïsme violent s'exprime encore dans les cahiers de doléances de 1789. « Les députés alsaciens s'opposèrent pendant plus d'un an à l'octroi de la citoyenneté française aux juifs "de la nation allemande" ».[236] Même s'ils deviennent citoyens en 1791 et qu'en 1808 leur culte est reconnu, « la communauté juive d'Alsace, parente pauvre parmi les autres, continuera, sous Napoléon encore et jusqu'en plein XIXe siècle, à incarner aux yeux des observateurs, cette nation juive, inassimilable, chargée de sa misère comme d'une malédiction, indigne de tenir son rang dans la nouvelle hiérarchie de la bourgeoisie européenne ».[237]

À la fin du XIXe siècle, l'extension de la civilisation industrielle, une crise agricole et le déracinement de bien des personnes ont suscité une recrudescence de l'antisémitisme.[238] La crise agricole fut attribuée à l'usure juive. On se mit à recenser, par exemple dans le journal *Der Elsässer*, et à stigmatiser les juifs qui occupaient des positions dominantes dans la société. Entre les deux guerres mondiales, surtout après 1930, l'antisémitisme est réactivé,[239] d'abord dans les villes puis à la campagne. En Alsace on les accuse de comploter, en particulier de vouloir porter atteinte au statut scolaire. Des groupes d'extrême droite attisent les ressentiments. L'antisémitisme se renforce à partir de 1936, en particulier chez certains mouvements autonomistes, contaminés par les orientations du nazisme. Ce fut ensuite la tragédie de la Seconde Guerre mondiale, qui jeta les juifs sur les routes de l'exil et les voua, nombreux, à l'extermination. Une enquête effectuée en 1976 dans un village alsacien montre combien les stéréotypes ont la vie dure.[240]

Le regard porté par les juifs sur les chrétiens a été beaucoup moins étudié. Sur le plan des croyances, il était clair pour les juifs, malgré l'attachement commun à l'Ancien Testament, que les chrétiens, « une secte juive qui a réussi », interprétaient mal la Bible hébraïque en appliquant les prophéties messianiques à Jésus, ou en abandonnant les prescriptions cultuelles liées à l'alliance mosaïque. Longtemps opprimés dans le passé, les juifs ne peuvent et ne veulent pas oublier la tragédie de la Shoah. Cette attitude pèse sur le regard qu'ils portent sur les chrétiens, en particulier lorsque ceux-ci parlent l'allemand. Ils sont donc enclins à considérer plus ou moins les chrétiens comme des adversaires. Pourtant, pendant des siècles, des relations paisibles voire amicales avaient régné entre les juifs et les chrétiens, comme le montre la noble figure de Yossel de Rosheim,[241] qui alla jusqu'à suivre les cours de théologie du théologien et hébraïsant protestant Wolfgang Capiton.

En ce qui concerne les catholiques et les protestants, c'est un autre chapitre qui s'ouvre au XVIe siècle, dans lequel les pages sombres sont suivies pas des pages plus lumineuses. Il convient de faire la part des choses entre le regard jeté par les clercs sur l'autre confession et celui des laïcs. Par la prédication et par l'enseignement catéchétique, la plupart des ministres des deux confessions n'ont cessé de mettre en évidence, au cours des siècles, les différences qu'ils jugeaient profondes et, jusqu'à l'œcuménisme du XXe siècle, infranchissables. Dans les textes officiels tels que ceux du concile de Trente et ceux des confessions de foi protestantes, on s'est anathémisé réciproquement,[242] ce qui signifiait qu'on excluait toute communion, en particulier tout partage de l'eucharistie. Pour les théologiens catholiques, les protestants étaient des hérétiques, voire des païens. Les protestants traitaient les catholiques de papistes, de superstitieux et d'idolâtres.

Il n'est pas certain que les fidèles aient toujours saisi toutes les subtilités du différend théologique. Ce qui est sûr, c'est qu'un vécu religieux différent fut mis en place et perçu par les fidèles. Aux yeux des fidèles catholiques, attachés aux sacrements, à de multiples rites, aux pèlerinages et au culte des saints, et bien encadrés par le clergé, les protestants avaient appauvri la piété et détruit l'Église et des pratiques séculaires. Les fidèles protestants vilipendaient les rites catholiques, la vénération de la Vierge et des saints, leur soumission au clergé et le caractère contraignant des lois d'Église.

Des rapprochements ont pourtant eu lieu. Ainsi le pasteur Jean Frédéric Oberlin, ami de l'abbé Grégoire, se qualifiait de « catholique-évangélique » et accueillait des catholiques à la sainte cène.

Jusqu'au XIXe siècle, les populations alsaciennes vécurent dans une large mesure, à part dans les villes, dans des territoires où l'uniformité confessionnelle était la règle, du fait des choix religieux opérés par les autorités civiles au XVIe siècle.

Le regard jeté sur les autres se faisait, dans l'ensemble, avec une certaine distance. Les choses commencèrent à changer quand l'Alsace fut rattachée au Royaume de France et que diverses mesures promurent la mixité confessionnelle, tout en favorisant le catholicisme.

Le mouvement de décloisonnement confessionnel s'accentua au XIXe siècle du fait de l'industrialisation et de l'urbanisation. Les populations se rencontrèrent et se mélangèrent davantage. Cette mixité suscita bien des conflits, souvent évoqués par les historiens.[243] Au sortir de la Révolution, les catholiques s'en prenaient aux protestants, accusés d'avoir été, à la suite de Luther, des révolutionnaires. Les protestants, au contraire, s'en prévalaient, convaincus d'être, par leur souci de liberté, les dignes héritiers de la Révolution française. Ils considéraient que le protestantisme était synonyme de progrès. Les catholiques étaient pour eux des « obscurantistes », rétrogrades, superstitieux et « fanatiques ». La proclamation du dogme de l'infaillibilité pontificale, bien accueillie par les catholiques alsaciens, suscita des commentaires indignés et extrêmement critiques de la part des protestants.

Les lieux et les formes d'affrontement entre les catholiques et les protestants ont été souvent évoqués. Deux lieux suscitent particulièrement les conflits : les églises « simultanées » et les cimetières. Tout est sujet à contestation : le chœur dans lequel les protestants pénètrent quelquefois de manière indue, la nature des cérémonies, l'équipement et l'entretien des églises, les horaires des cultes. Pour y remédier, le nombre d'églises simultanées en Alsace passe de 120 en 1871 à 80 en 1892 : 75 nouvelles églises protestantes sont construites, et près de 150 églises catholiques. Mais les problèmes demeurent. On se dispute aussi sur la mort, à propos des sonneries des cloches, mais surtout à propos des cimetières. Les protestants isolés, installés dans un village catholique, pouvaient-ils trouver une place au cimetière ? En 1904, l'évêque de Metz, Mgr Benzler, avait prononcé l'interdit sur le cimetière du village de Fameck, près de Hayange, parce qu'un protestant y avait été enterré. Après une tempête de protestations à travers l'Allemagne, il dut retirer l'interdit.

Les mariages mixtes constituaient un terrain d'affrontement privilégié, d'autant plus qu'ils se multiplièrent après 1870. D'un point de vue catholique, le mariage devait en tout état de cause être célébré par un prêtre catholique et comporter la promesse d'une éducation catholique des enfants. En 1881, le *Volksfreund* d'Alsace alla jusqu'à soumettre au gouvernement une proposition de loi interdisant les mariages entre des personnes de confession différente.[244]

Selon le même hebdomadaire, dans l'édition du 10 avril 1881, les mariages mixtes étaient dus à l'augmentation du nombre des protestants dans la fonction publique et dans l'armée, ou aux bals qu'il faudrait interdire.

De son côté, l'école allait faire l'objet d'âpres disputes. En Alsace, les autorités allemandes avaient maintenu « l'école confessionnelle et séparée pour chaque communauté dans les villages où plusieurs cultes étaient publiquement professés ».[245] La création d'écoles interconfessionnelles n'était pas exclue, mais le projet donna lieu à d'incessantes controverses entre les protestants libéraux, s'exprimant dans la *Straßburger Post* et dans la *Straßburger Zeitung,* et les catholiques, farouchement opposés aux écoles interconfessionnelles, craignant d'y voir une étape vers l'école laïque dont serait exclue la religion. À partir de 1919, l'école fut au centre du combat contre la laïcisation.[246] Pourtant, le nombre d'écoles interconfessionnelles allait grandir. Tout au long des années, les catholiques continuèrent leur combat pour qu'un maître de leur confession instruise leurs enfants et pour qu'un enseignement conforme à leur confession soit dispensé.

Rappelons, sur le plan social, le fossé qui a souvent existé dans la campagne alsacienne entre les exploitations agricoles aisées de bien des protestants et celles, plus petites, de beaucoup de catholiques. Cela suscita des complexes, du mépris et de la haine.

La vie quotidienne se prête aussi à des affrontements. Le choix de l'artisan dont on sollicite les services, ou encore du commerçant, obéit souvent à des considérations confessionnelles. En 1891, l'engagement d'un protestant par la commune de Weitbruch pour assurer la garde du taureau municipal se heurte à l'opposition des conseillers catholiques. À La Petite Pierre, les protestants s'insurgent en 1893 contre l'installation d'un second médecin catholique. Afin d'encadrer les fidèles, les deux populations créent, souvent dans les mêmes localités, diverses associations sportives ou culturelles. Il en résulta toutes sortes de heurts.

Pourtant, dès la première moitié du XXe siècle, le regard posé sur les membres de l'autre confession et les attitudes commencent à changer. À Weitbruch et à Hatten, les autorités locales, toutes tendances confondues, se rendent successivement dans les deux églises à l'occasion de l'anniversaire du Kaiser. À Masevaux, le curé autorise ses fidèles à assister à la conférence organisée à l'église protestante par la Croix Bleue locale et animée par le pasteur. En 1904, le curé de Weiterswiller invite le pasteur à venir avec lui auprès d'un malade catholique vivant en couple mixte.

Les clercs n'arrivent plus à empêcher les mariages mixtes. En 1922, 19 % des mariages célébrés dans l'Église luthérienne sont mixtes. Ils sont 25 % en 1934, 52 % en 1998, contre

22 % chez les catholiques. Dans des lieux très marqués par l'encadrement confessionnel, des réticences continuent pourtant, même encore après 1945, de se manifester. Ainsi une jeune fille d'un village luthérien demande à son partenaire, au moment d'un bal, s'il est protestant ou catholique. Quand elle apprend qu'il est catholique, elle s'en sépare avec les mots : « Inutile de continuer à danser ensemble ! » Dans un village voisin, c'est, encore en 1968, le drame quand une jeune fille protestante veut épouser un garçon catholique.

Pourtant, les pasteurs et les prêtres changent, au point qu'un certain nombre d'entre eux répondent positivement, autour de 1930, à l'initiative du peintre et dessinateur protestant Henri Bacher. Ils se réunissent tous les mois pour des échanges destinés à faire comprendre à leurs collègues de l'autre confession les croyances et les pratiques de l'Église dont ils sont les membres.

Au cours des dernières décennies, la venue et l'établissement de nombreux musulmans[247] – ils sont aujourd'hui quelque 120 000 en Alsace – interpellent d'une manière nouvelle les Alsaciens et leur rapport à l'altérité religieuse. Le regard jeté par bien des Alsaciens sur cette religion est souvent peu amène. Rares sont, certes, les Alsaciens à avoir lu le Coran, mais cela n'empêche pas les jugements péremptoires sur les croyances musulmanes. Pour ce qui est des rites tels que l'Aïd el Kebir (la fête du mouton), ils les jugent étranges. La question du foulard islamique suscite de l'irritation. Ils s'étonnent du Ramadan, qui toutefois les impressionne. L'usage de l'arabe et du turc dans les mosquées suscite la réprobation. Ils stigmatisent le lien des musulmans avec leurs pays d'origine et rappellent l'intolérance des pays musulmans à l'égard des chrétiens. D'ailleurs, ils accusent les musulmans de vouloir islamiser la société française et de conduire à l'islamisme radical. Quand des troubles éclatent dans les banlieues, certains Alsaciens en imputent la responsabilité aux musulmans.

Selon un sondage de l'IFOP réalisé du 7 au 9 décembre 2010 auprès de 809 personnes en France et en Allemagne, et publié par *Le Monde* du 5 janvier 2011, 42 % des Français et 40 % des Allemands sont d'avis que la présence d'une communauté musulmane est « une menace » pour l'identité de leur pays. On peut supposer que les Alsaciens partagent un tel jugement. Selon le sondage, il est reproché aux musulmans de refuser de s'intégrer. 31 % des Français associent l'islam au « rejet des valeurs occidentales ». Ils sont 59 % à s'opposer au port du foulard par les femmes musulmanes. 39 % se disent opposés à l'édification de mosquées, contre 22 % en 2001. Par contre, 52 % accepteraient d'élire un « maire d'origine musulmane ».

La méfiance face à l'islam et aux musulmans exprime, en fait, une méfiance face à l'étranger plutôt que le rejet d'une religion. Nous l'avons déjà signalé : le rejet se traduit sur le plan pratique par le refus de louer des logements à des musulmans, ou encore de fortes réticences pour les engager, en particulier les Maghrébins, sur les lieux de travail. En 2001, dans le tract électoral d'un mouvement politique proche de l'extrême droite, qui veut défendre l'Alsace et ses particularités, nous lisons ceci : « L'islam n'est pas une religion européenne, car, pour l'islam, la croyance en Allah et le pouvoir politique sont intrinsèquement liés. L'islam est basé sur trois inégalités intangibles inscrites dans le Coran : supériorité de l'homme sur la femme, supériorité des musulmans sur les non musulmans, supériorité du maître sur l'esclave. Les droits de l'homme ne comptent donc pas ». Et le tract s'oppose à la construction d'une grande mosquée à Strasbourg.

Quand les autorités chrétiennes et juives interviennent en faveur de la construction d'une grande mosquée, elles s'attirent les critiques d'un certain nombre de fidèles. Voici ce qu'écrit l'un d'entre eux, en 1998, au président de l'Église de la Confession d'Augsbourg : « Est-ce vraiment votre rôle, comme docteur et comme conducteur de l'Église de Jésus Christ, d'émettre un avis politique sur l'installation officielle d'un lieu de culte islamique dans la ville que vous habitez ? » Et il ajoute : « Nous sommes fascinés par l'islam. C'est une théologie qui correspond beaucoup plus à l'homme naturel que le scandale de la croix ». Il estime que c'est absurde d'en faire une religion abrahamique, car, « le rapport à Abraham n'est pas le même que dans le christianisme. [...] Notre priorité est sans doute de réfléchir davantage sur nos sources véritables, de nous réformer pas un contact renouvelé avec les Écritures, plutôt que de multiplier les passerelles avec les spiritualités concurrentes qui ont pour elles de parler un langage humain qui convient à l'homme ».

Mais les identités religieuses sont-elles aussi fortes et aussi conscientes que notre exposé semble le suggérer en évoquant le regard porté par les uns et les autres sur ceux qui sont différents ? En fait, on peut montrer sans peine combien, à l'intérieur d'une même religion et d'une même confession, des différences se manifestent. Il n'est donc pas aisé de parler de manière monolithique d'une identité catholique ou protestante, tant sont nombreux d'autres facteurs identitaires tels que la condition sociale, la culture ou l'origine géographique.

Évoquons quelques-unes de ces différenciations à l'intérieur même des religions et des confessions, qui conduisent souvent, à l'intérieur de ces entités, à des distanciations critiques voire à des affrontements. Dans l'espace catholique, les fidèles attachés au catholicisme traditionnel n'ont guère d'estime ni de sympathie pour ceux qui, après le dernier concile, ont changé tant de choses dans les églises ou dans la liturgie. La réciproque est d'ailleurs vraie. Même au sein d'une Église si structurée comme l'Église catholique se pose le problème de l'altérité.

Et que dire des protestants ? Même entre luthériens et réformés, ce ne fut pas toujours le grand amour, tant les théologiens s'étaient condamnés réciproquement au XVIe siècle,[248] et tant les formes de la piété, des célébrations cultuelles ou de la vie en société semblaient être différentes. Des oppositions encore plus grandes ont longtemps pesé sur les rapports entre les Églises libres et les Églises officielles. Les membres de ces dernières traitaient les Églises libres de sectes, et ceux des Églises libres stigmatisaient la tiédeur religieuse des membres des Églises officielles, et le lien de celles-ci à l'État. Par ailleurs, à l'intérieur même des grandes Églises protestantes, de vifs affrontements ont opposé au XIXe siècle les théologiens libéraux, piétistes et orthodoxes,[249] plus ou moins suivis par leurs ouailles.

Parmi les juifs, d'autres clivages sont apparus, en particulier de type social. Des historiens juifs ont stigmatisé ainsi « le mépris ethnocentrique et condescendant [des juifs d'Alsace] à l'égard des juifs miséreux fuyant l'Europe orientale au XIXe siècle ».[250] Des clivages se manifestent occasionnellement entre Ashkenases et Sépharades, entre juifs orthodoxes et libéraux, ou encore à propos de l'attitude à adopter à l'égard de l'État d'Israël, sans oublier la distance qui peut séparer des juifs assimilés à la société ambiante et laïcisés et des juifs pratiquants. Le regard qu'ils portent les uns sur les autres et la manière bien différente de comprendre leur judéité ne facilitent pas toujours des relations très paisibles.

Enfin, le vécu commun des musulmans est marqué par les origines géographiques et ethniques très diverses. Ainsi, les Turcs tendent à mépriser les Maghrébins qu'ils ont dominés pendant de nombreux siècles. Réciproquement, ces derniers n'aiment guère les Turcs. L'intégration des uns et des autres dans la société française en général et alsacienne en particulier pose un certain nombre de problèmes. Un musulman qui ne pratique pas le Ramadan ou n'observe pas les règles alimentaires prescrites est souvent mal vu par ses coreligionnaires.

Autres clivages identitaires : décalage de générations, querelles Haut-Rhin/Bas-Rhin, mémoire de la guerre

À côté de l'appartenance religieuse, d'autres facteurs dus à la culture ou à l'histoire politique ont marqué l'identité des Alsaciens. Pour être précis, il faudrait parler des identités au pluriel, tant l'histoire personnelle, dans sa diversité, a marqué l'être et la conscience des uns et des autres de manière spécifique.

Le clivage entre les générations est peut-être plus accentué qu'ailleurs. Cela est dû en particulier à la différence des langues utilisées. Certes, les personnes âgées qui ne savent pas du tout le français sont devenues rares aujourd'hui, même si la génération scolarisée entre 1940 et 1945 est restée quelque peu handicapée. De manière générale, les personnes du troisième âge utilisent plus souvent le dialecte. Leurs petits-enfants sont majoritairement passés au français. Malgré tous les liens familiaux, deux types d'identité apparaissent. Et le dialogue n'est pas toujours facile.

Il faudrait évoquer encore le clivage entre les habitants des villes et ceux des campagnes, ou encore entre ceux du Bas-Rhin et ceux du Haut-Rhin. Voici ce qu'écrivaient Pierre

Pflimlin et René Uhrich à ce sujet en 1963 : « Si le souvenir des Médiomatriques, des Séquanes et des Landgravats s'est effacé, il subsiste des différences de tempérament. Le Haut-Rhinois est vif, imaginatif, généreux, facilement emporté par la colère ou par l'enthousiasme. Sa gaîté est bruyante, son indignation aussi. L'une et l'autre s'expriment dans un vocabulaire coloré. Le Bas-Rhinois, si on le compare à son voisin du Sud – on est tenté de dire du Midi –, paraît plus calme, plus mesuré, plus sensible aux nuances de la pensée ; ses déterminations procèdent moins de l'impulsion et davantage du calcul. Lorsque la dispute éclate, le Bas-Rhinois reproche au Haut-Rhinois d'être grossier et celui-ci réplique en accusant le Bas-Rhinois de manquer de franchise. Reproches excessifs, bien entendu, surtout lorsqu'on les généralise. »[251]

Les Haut-Rhinois se méfient quelque peu de la tutelle strasbourgeoise, ce qui les incite à discuter directement, le cas échéant, avec l'administration centrale parisienne plutôt que de transiter par les responsables strasbourgeois. Notons aussi que les Haut-Rhinois sont souvent plus réticents à l'idée d'une fusion des deux départements.

L'histoire politique tourmentée de la région et les oppositions quelquefois durables n'ont pas manqué de façonner, elles aussi, les identités et de cimenter les oppositions. C'est le cas en particulier de ceux qui ont résisté au régime nazi et de ceux qui ont collaboré.[252]

Nous avons déjà évoqué l'héroïque résistance d'un certain nombre d'Alsaciens au régime nazi entre 1940 et 1945. Dans certains cas, ils furent dénoncés par des compatriotes et pourchassés par les autorités en place. Jusqu'à nos jours, ceux qui sont encore en vie portent un regard sévère sur ceux qui, d'une manière ou d'une autre, ont collaboré avec le régime en place. Souvent la suspicion pèse sur eux, voire sur leurs descendants, encore aujourd'hui. Le fait d'avoir sympathisé ou collaboré colle à tout jamais à la peau de certaines personnes ou familles, en particulier dans les villages. Et on n'hésite pas à le rappeler pour disqualifier telle entreprise ou telle attitude des personnes concernées. Prenons deux exemples : il y a une vingtaine d'années, les cultivateurs d'un village de l'Alsace du nord proposèrent de procéder au remembrement, entreprise toujours délicate comme on sait, qui suscite souvent des conflits. D'autres habitants du même village y étaient opposés. En guise d'arguments, ils firent valoir notamment que l'initiative émanait de personnes qui s'étaient compromises pendant la guerre : «*Sie han g'schwäwelt*» («ils ont sympathisé avec les Boches») : l'initiative était donc ipso facto mauvaise ! Le même amalgame a été fait dans un village de la moyenne Alsace quand il fut question de construire une salle polyvalente. Ceux qui s'opposaient au projet ont, eux aussi, fait valoir que ses promoteurs étaient d'anciens sympathisants ou collaborateurs du nazisme. J'évoquerai encore ce qui s'est passé il y a quelques années lors d'une soutenance de thèse de doctorat à Strasbourg. Le candidat était brillant. Dans l'assistance, une dame d'un certain âge dit à sa voisine : «Je m'étonne que ce fils d'un SS soit si brillant... »

On nous a rapporté le cas de cette choriste de la banlieue strasbourgeoise : «Chaque fois qu'un membre d'un certain âge rejoint la chorale, aurait-elle dit, je m'interroge sur son attitude pendant la guerre».

Certains estiment qu'en Alsace la dénazification n'est pas allée jusqu'au bout. Et ils établissent un rapport entre cette insuffisance et les manifestations sporadiques d'antisémitisme (tombes profanées, inscriptions insultantes, etc.).

Selon ce point de vue, il y aurait aussi un lien entre le succès de l'extrême droite en Alsace et une dénazification insuffisante.

Mais qu'en est-il de ceux qui ont «collaboré»? Toute une typologie a été élaborée pour qualifier les divers genres de collaboration. Il y eut ceux qui se sont résignés à faire un service minimal; il y eut ceux qui l'ont fait pour conserver leur emploi, pour faire des affaires, pour avancer dans la carrière; il y eut ceux qui étaient sensibles à la culture allemande qu'ils croyaient retrouver. Enfin, il y eut ceux qui adhéraient au régime et à son idéologie et s'engagèrent activement à son service. Selon Alphonse Irjud, ces derniers auraient été quelques milliers, soit environ 2 % de la population.[253] Quoi qu'il en soit, tous ces Alsaciens ont été profondément marqués par ce qu'ils ont vécu entre 1940 et 1945, mais surtout par la manière dont ils ont été traités après 1945. Beaucoup eurent de la peine à reconnaître qu'ils s'étaient trompés sur la nature du régime et sur la légitimité d'une collaboration. Ils se justifiaient en parlant d'un double jeu. Ils auraient collaboré pour éviter le pire à leurs concitoyens. Accusés et condamnés après 1945, ils se sont souvent enfoncés dans le silence, aigris, fâchés à jamais avec ceux de l'autre bord, occultant même vis-à-vis de leurs proches les ombres d'un passé mal assumé.

Ainsi il y a, presque jusqu'à nos jours en Alsace, une altérité considérée comme coupable par les autres Alsaciens et par d'autres encore, coupable d'avoir été infidèle à une identité jugée normative.

Au-delà même de ce qui s'est passé pendant et après la dernière guerre, un constat s'impose: à certaines époques, l'histoire politique a souvent divisé les familles. La différence des choix politiques a suscité des altérités évidentes, voire des inimitiés durables. Ainsi ceux qui ont quitté l'Alsace après 1870, après 1918, en 1940 ou en 1945 ont souvent jugé sévèrement ceux qui sont restés, leur reprochant en particulier leur manque de courage ou leur adaptation au nouveau régime.

Est-ce dire que les identités ainsi constituées doivent s'opposer de façon durable ? Nous verrons au chapitre suivant que, depuis un demi-siècle, des signes d'ouverture et de réconciliation, notamment dans une perspective européenne, sont perceptibles en Alsace, et qu'une diversité réconciliée des identités est devenue possible.

CHAPITRE XII

Ouvertures, rencontres, réconciliations

Nous avons montré plus haut combien l'affirmation de l'identité va souvent de pair, en Alsace comme ailleurs (ou plus qu'ailleurs ?) avec la méfiance, voire le rejet de l'autre. Mais le mouvement inverse existe aussi, et s'est renforcé peu à peu au cours des dernières décennies, même s'il est difficile de décrire avec précision ses effets en profondeur.

Si le désenclavement est réel aujourd'hui par rapport à l'ensemble de la France, et qu'en général il n'y a plus guère de problème de communication, même si la compréhension réciproque est toujours susceptible d'être améliorée, l'ouverture ou la réouverture vers l'autre côté du Rhin est plus récente et d'une autre nature. Mais elle est devenue une réalité incontournable. Cela vaut aussi pour les rapports entre les religions présentes en Alsace.

Évoquons quelques aspects du changement.

L'ouverture vers l'Allemagne

Outre l'existence des travailleurs transfrontaliers, déjà évoqués et toujours actifs malgré une baisse de leur nombre au cours des dernières années, de fréquentes rencontres entre communes ou associations doivent retenir l'attention. Les jumelages entre villes ou villages n'ont pas fait l'objet, à notre connaissance, d'une étude d'ensemble. Ils mériteraient de l'être tant ils ont permis des contacts entre les habitants des deux côtés du Rhin. Les rencontres entre associations doivent également être mentionnées, qui concernent aussi bien les ensembles musicaux que les associations sportives. Rappelons que des clubs alsaciens participent au championnat de lutte au pays de Bade et que des arbitres alsaciens de football fonctionnent en Bade du sud.[254] On pourrait évoquer encore les réunions mensuelles du Cercle de l'Ill qui rassemblent des acteurs économiques et culturels d'Alsace, du pays de Bade et de Suisse alémanique. Ce Cercle compte plusieurs centaines de membres.

Le traité de l'Élysée de 1963, puis l'ouverture totale des frontières en 1993 ont contribué à surmonter progressivement le vieil antagonisme franco-allemand, et activé aussi les liens institutionnels entre les diverses régions du Rhin supérieur, compris comme « carrefour européen ». La coopération transfrontalière est devenue aujourd'hui une nécessité pour la majorité des habitants et des responsables politiques, même si on peine quelquefois à passer de l'incantation aux réalisations concrètes, et que bien des obstacles, notamment la différence de statut des diverses régions, rendent difficiles certaines avancées.[255]

Rappelons quelques étapes institutionnelles concernant le travail commun des responsables politiques de la région.[256] En 1963-1964 était créée la Regio Basiliensis, Communauté d'intérêts Moyenne Alsace – Brisgau. En 1971, une étape plus importante était franchie avec la mise en place de la Conférence tripartite permanente de coordination régionale, chargée de coordonner les études de planification et de développement régional. Les conditions étaient réunies pour entreprendre de véritables actions communes. Trois instances d'information et de conseil sur les questions transfrontalières, implantées à Lauterbourg, Kehl et Huningue, ont vu le jour à partir de 1991.

Ce qui s'est traduit dans des opérations concrètes, ce fut la création, en 1988, d'un programme d'actions communes dans l'espace qui englobe la Rhénanie-Palatinat, le Bade-Wurtemberg et l'Alsace, connu sous le nom de PAMINA. Huit actions pilotes étaient lancées en 1996, en lien avec la Commission Européenne, partenaire des régions concernées pour le financement : une instance d'information, de préparation et de coordination des actions entreprises en commun ; un réseau technologique transfrontalier au service des entreprises des régions de Landau, de Karlsruhe et de Haguenau ; un réseau transfrontalier de pistes cyclables ; une télématique touristique en vue de favoriser l'échange d'informations professionnelles entre les offices de tourisme et les syndicats d'initiative du secteur ; une réserve naturelle transfrontalière était prévue ; une carte touristique mettant en valeur l'itinéraire transfrontalier entre les régions concernées ; une dizaine de projets dans le milieu scolaire, mais aussi une formation linguistique des adultes devant promouvoir le bilinguisme ; un projet pour aménager et protéger la vallée de la Lauter.

Entre 1991 et 2001 les programmes Interreg, qui concernent aussi l'espace PAMINA, étaient créés. Des Eurodistricts voyaient le jour. Citons en particulier, à côté de PAMINA, particulièrement dynamique, celui de Fribourg-Centre et Sud-Alsace, et celui de Bâle-Mulhouse. Dans l'Eurodistrict CUS-Ortenau, la Communauté urbaine de Strasbourg (28 communes) est associée à l'Ortenaukreis (50 communes au total), avec les cinq villes principales de l'Ortenau, à savoir

Lahr, Offenburg, Achern, Kehl et Oberkirch. Une deuxième instance s'y surajoute : la Commission Strasbourg-Kehl.

Il faut reconnaître que, malgré toutes les bonnes volontés, les réalisations sont encore peu nombreuses.

En 1997 était créé le Conseil Rhénan, une instance transfrontalière de concertation et d'information politiques, composée de 26 élus d'Alsace, 20 de Bade, 11 de Suisse du nord-ouest et 8 du Palatinat. Plus récemment, il fut décidé que les Eurodistricts y auraient chacun une voix. Ce Conseil se réunit deux fois par an. Ses résolutions sont soumises à la Conférence du Rhin supérieur, aux gouvernements nationaux et aux autorités européennes.

Le rôle de l'école

Il est essentiel à un double titre. D'une part, l'école permet l'intégration des nombreux étrangers présents dans la région, à travers l'enseignement dispensé à leurs enfants. Il s'agit de les familiariser avec l'histoire et la culture françaises.

Mais la question se pose, d'autre part, de la place faite par l'école à la culture et aux langues régionales. Nous avons évoqué les difficultés qui ont longtemps pesé à cet égard sur l'école et l'enseignement en Alsace. Même considérées par bien des Alsaciens comme insuffisantes, des ouvertures sont intervenues au cours des dernières décennies.

Nous ne pouvons qu'esquisser sommairement les étapes qui menèrent vers la réintroduction progressive de l'enseignement de l'allemand, régulièrement exigée par la population et les élus. Par un décret du 18 décembre 1952, l'enseignement de l'allemand fut réintroduit à raison de deux heures hebdomadaires dans les deux dernières années de l'école élémentaire : l'allemand pouvait être enseigné facultativement par des instituteurs volontaires. 85 % des parents interrogés saluèrent cette mesure, mais, dans la pratique, elle n'eut qu'un effet restreint. En 1959, l'enseignement de l'allemand fut étendu aux trois dernières années scolaires, à raison de trois heures hebdomadaires. La réforme Holderith, introduite en 1972, eut plus d'effet, qui prévoyait à partir de la quatrième année scolaire une demi-heure quotidienne d'allemand. Après quelques années, 75 % des élèves profitèrent de cet enseignement.

Depuis la circulaire Savary de 1982, la transmission de la langue et de la culture régionales est davantage favorisée. Le recteur Pierre Deyon, qui œuvra longtemps en Alsace, parlait de deux formes de la langue régionale : le dialecte et l'allemand écrit. D'après lui, « l'alsacien que parlent la majorité des habitants de cette région a pour expression écrite une langue de culture et de diffusion internationale, l'allemand ». Il qualifie l'allemand de « langue régionale de France ».

Qu'en est-il aujourd'hui (en 2010) de l'enseignement de l'allemand en Alsace ?[257] Considérons d'abord le premier degré, c'est-à-dire les écoles maternelles et les écoles élémentaires. Au cours de l'année scolaire 2009-2010, selon des chiffres fournis par le rectorat, il y aurait 621 écoles maternelles et 1 000 écoles élémentaires. L'ensemble des élèves du premier degré s'élevait à 177 154 (176 885 prévus pour la rentrée de 2010). La langue allemande est enseignée sous deux formes : d'une part à raison de trois heures dès la maternelle ; selon les *DNA* du 1er octobre 2010, près de la moitié des élèves en bénéficient et 91 % des classes de CE 1, CM 1 et CM 2. Il y a d'autre part un enseignement bilingue paritaire : 12 heures d'enseignement en langue française, 12 heures en langue allemande dans 154 écoles maternelles et 142 écoles élémentaires. En 2009-2010, 27 383 élèves, soit environ 10 % des élèves du premier degré étaient inscrits dans cette filière bilingue.

Le second degré comptait en 2009-2010 171 collèges et 94 lycées. 88 826 élèves étaient scolarisés dans les collèges, 89 320 étaient prévus en 2010. 47 collèges offraient en 2009-2010 une filière bilingue à 2 659 élèves, soit 3 %. Deux collèges supplémentaires s'y ajoutent à la rentrée 2010. À côté de cette filière bilingue, l'enseignement bilangue permet l'apprentissage de deux langues vivantes dès la classe de 6e. Plus de la moitié des collégiens alsaciens sont bilangues (allemand-anglais) contre 20 % au niveau national. Les deux langues y sont apprises en tant que langues étrangères, de manière moins intensive que dans la sphère bilingue.

L'enseignement bilangue se poursuit dans les lycées, où étaient scolarisés 40 035 élèves en 2009-2010, 39 806 étant prévus à la rentrée 2010. À côté du cursus bilangue, 13 lycées (8 dans le Bas-Rhin, 5 dans le Haut-Rhin) préparent environ mille élèves alsaciens au double diplôme baccalauréat français - Abitur allemand (Abibac).

Les matières des trois années du lycée sont enseignées soit dans l'une soit dans l'autre langue. Le diplôme final comporte, entre autre, un texte rédigé dans chacune des deux langues, et exige donc une bonne connaissance des deux. Aujourd'hui, 13 lycées en Alsace proposent ce cursus, cinquante dans toute la France. Cet aménagement alla de pair avec l'élaboration du premier manuel d'histoire franco-allemand, dont le premier tome parut en 2006, et le deuxième en 2008. Le troisième était prévu pour 2010.

Une convention entre le Conseil régional et les autorités scolaires prévoyait pour la période de 2007 à 2013 un doublement du nombre des élèves de ces classes, en priorité dans le premier degré. Cinquante classes bilingues devaient être mises en place chaque année dans chacun des deux départements. Mais cet objectif n'a pas été atteint. Cinquante professeurs devaient être formés. Mais, là aussi, les observateurs et les militants du bilinguisme font part de leur insatisfaction. Ainsi l'association Culture et bilinguisme réclame, en vain jusqu'à présent, l'ouverture d'un CAPES bivalent. Elle regrette que, souvent faute de candidats, tous les postes prévus pour l'enseignement bilingue ne sont pas attribués et sont reportés sur le concours monolingue

Tout en relevant un certain nombre d'ouvertures, les partisans du bilinguisme se montrent pessimistes. Ainsi Gérard Cronenberger, le maire très engagé de la commune haut-rhinoise d'Ingersheim, regrette que, vu globalement, l'enseignement de l'allemand dans les collèges ait régressé de 35 % en faveur de l'anglais, et que, parmi les écoles élémentaires, seule une minorité applique vraiment le programme des trois heures d'allemand prévues.[258]

Relevons encore que, si la Charte européenne des langues régionales ou minoritaires ne fut pas adoptée pour la France, la Constitution révisée en 2008 a déclaré officiellement que les langues régionales faisaient partie du patrimoine. Cependant, cette ouverture concerne plutôt la langue allemande que le dialecte qui, lui, ne bénéficie pas d'une stratégie perceptible.

Il semblerait que certaines autorités académiques hésitent à multiplier les classes bilingues par crainte de susciter les mêmes demandes de la part des Turcs et des Maghrébins, dont les effectifs dans les classes sont souvent plus nombreux, surtout dans les villes, que ceux des classes bilingues français-allemand.

En ce qui concerne la coopération transfrontalière des écoles et des universités, elle a progressé ces dernières années, même si bien des efforts sont restés timides. Les différences entre les systèmes juridiques et éducatifs des uns et des autres constituent toujours des obstacles qu'il faut essayer de surmonter.

Au plan des universités, les programmes Erasmus et l'harmonisation des cursus, dans le cadre du processus de Bologne, ont favorisé, aussi dans l'espace du Rhin supérieur, la mobilité des étudiants. Dans le domaine de l'enseignement et de la recherche, la coopération transfrontalière s'effectue surtout au moyen de congrès, de symposiums et de programmes d'enseignement et de recherche, organisés en particulier dans le cadre de la Confédération européenne des universités du Rhin supérieur (EUCOR).

Au niveau des lycées et des collèges, divers types d'échanges ont lieu, notamment dans le cadre de PAMINA. Mais seul le lycée franco-allemand de Fribourg comptait parmi ses élèves, en 1994-1995, 10 % d'élèves alsaciens. À la même époque, le total de ses élèves français (282) dépassait de loin celui de l'université de cette ville.[259]

Pour les écoles primaires, la coopération concernait dans les mêmes années les programmes « Lerne die Sprache des Nachbarn » en Bade-Sud et Langue et Culture Régionales en Alsace, ainsi que des échanges scolaires et des partenariats. Le Centre régional de recherche et de documentation pédagogiques de Strasbourg et la Länderbildstelle Baden ont collaboré pour étudier plusieurs documents pédagogiques. Cofinancé par le Bade-Wurtemberg, le Haut-Rhin et la Suisse septentrionale, le Centre européen de management (Colmar) propose une formation interculturelle complémentaire aux cadres du bassin rhénan.[260]

Les autorités civiles et le bilinguisme

À côté de l'école, il convient d'évoquer le rôle, au service du bilinguisme, des autorités régionales, c'est-à-dire celles des Départements et de la Région. La question du bilinguisme ne cesse d'y être débattue. En 1994, les deux Départements et la Région décidèrent de créer et de financer l'Office pour la langue et la culture d'Alsace (OLCA). L'objet de cette institution est de soutenir la vitalité de l'identité régionale en mettant en valeur son patrimoine et les spécificités linguistiques et culturelles de l'Alsace. De 2005 à 2010, l'OLCA soutenait soixante ateliers d'alsacien, vingt mille dossiers étaient transmis aux nouveaux parents avec des documents et des pistes pour les éveiller à la nécessité d'une transmission de la langue régionale à leurs enfants. L'OLCA œuvre pour la promotion de la charte *Ja fir unseri Sproch*, signée par six cents entreprises et communes alsaciennes pour retrouver davantage l'usage du dialecte dans le quotidien. Il soutient la mise en place de plaques de rues bilingues et de panneaux bilingues pour les noms des localités, ainsi que la création de spectacles bilingues et leur diffusion dans les écoles. Il promeut aussi la publication de lexiques dialecte-français (onze à ce jour) sur les différentes situations de la vie courante et il participe aux manifestations de *E Friejohr fir unseri Sproch / Un printemps pour notre langue.*

Rappelons encore la convention signée entre le Conseil régional et les autorités scolaires que nous avons évoquée plus haut. Nous n'oublions pas les subventions accordées pour promouvoir le bilinguisme.

Il faut aussi mentionner les efforts des élus, en particulier de certains députés alsaciens, pour faire passer dans les faits l'affirmation de la Constitution selon laquelle les langues régionales appartiennent au patrimoine de la France. Ils s'efforcent de faire attribuer un statut à ces langues afin de créer des droits pour elles.

Les Églises et la réconciliation franco-allemande

On sait combien la papauté a plaidé pour l'Europe pendant et après la guerre.[261] En 1956 était créé à Strasbourg un Office catholique pour les problèmes européens. Et plusieurs évêques alsaciens se sont investis dans le Conseil des conférences épiscopales catholiques. Du côté protestant, signalons la création, en 1961, d'une Conférence des Églises riveraines du Rhin, qui existe toujours et qui s'efforce de surmonter la diversité des approches culturelles et politiques, en utilisant « la proximité géographique des centres d'une Europe en devenir, de son parlement et de ses bureaux ».

Du côté catholique fut créé dès 1945 un Bureau international de liaison et de documentation qui publia régulièrement la revue *Documents* dirigée par le jésuite Jean du Rivau. Pour un temps l'équipe de rédaction allemande était implantée à Offenburg. La revue traitait de questions culturelles et religieuses dans une perspective franco-allemande.

À partir des années 1955, des semaines franco-allemandes animées par un groupe de jeunes catholiques allemands furent organisées à Fribourg-en-Brisgau.

Dans le cadre de l'Union internationale des maires, créée en 1948 en vue de la réconciliation franco-allemande et de la coopération européenne, des partenariats entre villes françaises et allemandes virent le jour. Les cercles pour hommes des diocèses de Strasbourg et de Fribourg engagèrent les Églises dans ce mouvement. Le 16 juillet 1961, un *Badisch-Elsässischer Männertag* organisé par le

Männerwerk du diocèse de Fribourg et l'Action catholique générale des hommes, fut réalisé dans le cadre de l'ouverture des *Passionsspiele* d'Ötigheim. Le 10 décembre de la même année, des représentants des cercles d'hommes des deux diocèses se rencontrèrent et décidèrent d'approfondir les contacts, en particulier par des partenariats entre les paroisses des deux côtés du Rhin. Une trentaine de tels partenariats fut réalisée dès l'année 1962.

Dans les années d'après guerre, des contacts avaient aussi été noués entre des paroisses des deux côtés du Rhin, ou entre celles de la Moselle et des paroisses allemandes, ou encore entre des institutions, tel le Sonnenhof, établissement alsacien pour enfants handicapés, et un établissement analogue à Kork dans le pays de Bade.

Un recueil de cantiques allemand (avec un certain nombre de chants en français) a paru en 1993 avec une annexe commune aux Églises protestantes d'Alsace, de Bade et du Palatinat.[262] Notons cependant que l'utilisation du recueil est inégale en Alsace, où il a été introduit en 1995. En usage pour les cultes célébrés en langue allemande, il n'est donc pas présent partout.

Au cours des années 1980, un processus conciliaire était mis en route par le Conseil œcuménique afin de se pencher sur les thèmes de la justice, de la paix et de la sauvegarde de la création. L'étape européenne de ce processus, prise en charge par la Conférence des Églises européennes, à laquelle s'associait le Conseil des conférences épiscopales d'Europe, fut le rassemblement de Bâle en 1989.[263] Sept cents délégués, auxquels se joignirent près de dix mille autres participants, originaires de la plupart des Églises d'Europe, à part certaines Églises de type fondamentaliste, en firent une sorte de *Kirchentag*.

L'interdépendance de la justice, de la paix et de la sauvegarde de la création fut soulignée. L'accent était mis avant tout sur l'éthique, en lien avec la proclamation de la grâce, la réconciliation et la non-violence, l'engagement pour la justice et contre les discriminations, la responsabilité écologique et le partage équitable des ressources, mais les problèmes ecclésiologiques ne furent pas occultés. La relation entre Églises et pouvoirs fut abordée et l'on plaida pour l'adoption de démarches plus synodales dans la perspective d'une ecclésiologie de communion. À l'heure où les cartes politiques et géopolitiques étaient redistribuées, le désir d'une réunification des Églises allemandes notamment, et celui d'une plus étroite collaboration entre les Églises de l'est et de l'ouest au sein d'une Europe élargie s'exprimait avec force. Tout en dénonçant tout européocentrisme, les délégués témoignèrent d'un fort sentiment d'appartenance européenne. Celui-ci fut concrétisé par une « marche des trois frontières », par laquelle les participants traversaient en un immense cortège les frontières entre la Suisse, la France et l'Allemagne, sans présenter aucun papier d'identité !

Le dynamique rassemblement de Bâle, préparé aussi dans les Églises du Rhin supérieur, ne manqua pas de rejaillir sur celles-ci. Dès avant Bâle, des contacts s'étaient noués à Strasbourg entre catholiques et protestants strasbourgeois, d'une part, et leurs coreligionnaires de Kehl, d'autre part, à propos d'un projet de construction d'une usine d'incinération de déchets à Kehl, dont on craignait des retombées néfastes : les communautés chrétiennes des deux côtés du Rhin furent alertées et diverses consultations suscitèrent une prise de position qui allait faire avorter le projet. Le rassemblement de Bâle suscita la création d'un groupe franco-allemand qui se réunit alternativement à Kehl et à Strasbourg pour réfléchir à des problèmes liés à l'environnement, tels que la santé et les transports en commun.

Les contacts entre les deux côtés du Rhin n'allaient plus cesser.[264] Si le rassemblement de 1994, «Une source, deux rives», réunit, pour l'essentiel, quelque cinq mille protestants de la région de Kehl et de Strasbourg, rejoints par des protestants de l'inspection de Bouxwiller, la plupart des initiatives transfrontalières des années suivantes allaient être œcuméniques. En 1995, trois cultes transfrontaliers et œcuméniques réunirent les autorités ecclésiastiques d'Alsace, du Palatinat et de Bade à Wissembourg, Spire et Strasbourg à l'occasion du cinquantième anniversaire de l'armistice de 1945.

Depuis 1995, un culte commun est célébré chaque année à la cathédrale de Strasbourg à l'occasion du Dimanche de la Paix, soit le troisième dimanche du temps de l'Avent, suivi par un autre office au début de l'année dans la *Friedenskirche*, une église protestante de Kehl. Venus des deux côtés du Rhin et rejoints par des Suisses et des Luxembourgeois, plus de sept mille chrétiens se rassemblèrent à Strasbourg le lundi de Pentecôte 2000 sous le mot d'ordre: «Avec le Christ, franchir les frontières»,[265] célébrant leur foi ensemble à la cathédrale et sur la place Kléber, et dialoguant en groupes sur l'Europe et sur l'œcuménisme.

L'année suivante, à Pâques 2001, une grande partie des Églises européennes signèrent solennellement à Strasbourg la Charte œcuménique.[266] Ce manifeste, traduit dans une trentaine de langues, incitait les Églises à créer une culture œcuménique de dialogue et de collaboration. Elle fixait un certain nombre de règles et demandait aussi aux Églises de «participer à la construction européenne».

En 2004, les Églises de Strasbourg et de Kehl furent très présentes dans le cadre du Jardin des Deux Rives réalisé en lien avec la Landesgartenschau allemande.[267] Elles poussèrent à l'édification d'une passerelle entre les deux rives. Elles implantèrent un jardin biblique, édifièrent un Chemin de la réconciliation et, grâce à *L'Arche*, un bateau aménagé en église ancré sur la rive de Kehl, qui attira de nombreux visiteurs, proposèrent par des exposés et des expositions des modèles d'engagement dans la société et des informations sur les Églises et leur apport aux questions sociales. Tous les dimanches, un culte était célébré à une tribune en plein air à Kehl, catholique, protestant et œcuménique, préparé par deux villages des deux côtés du Rhin. Ces manifestations rencontrèrent un grand écho et, selon l'avis même des diverses autorités civiles, ont beaucoup contribué à donner du sens au Jardin des Deux Rives.

Au-delà des réalisations dans le cadre de ce jardin frontalier, des réseaux transfrontaliers ont continué à fonctionner, se préoccupant en particulier de problèmes écologiques. Ils se sont engagés ainsi, en 2009, dans l'action « Sauver le Ried ». Mais les orientations et manifestations transfrontalières n'apparaissent pas seulement dans l'espace strasbourgeois. Ainsi la région rhénane où sont implantées les villes de Bâle, Mulhouse et Lörrach (Dreiländereck) est engagée depuis plusieurs années dans un effort de rapprochement et de collaboration, qui s'est traduit en particulier en 2007 par un rassemblement appelé « Kirk » (Kirchen am Rheinknie) et par diverses autres manifestations.

Si beaucoup de rencontres transfrontalières sont d'emblée œcuméniques, les Églises s'engagent aussi chacune de son côté. Au plan des institutions, relevons qu'un délégué de l'Église catholique de Kehl fait partie aujourd'hui du Conseil de zone pastorale de Strasbourg. Du côté protestant, un délégué strasbourgeois participe avec voix délibérative au synode du doyenné de Kehl-Offenburg. C'est aussi le cas dans le doyenné de Germersheim auquel participe un délégué protestant alsacien. Mentionnons encore quelques entreprises communes et des rencontres organisées par les responsables catholiques, comme la formation de laïcs réalisée par les Églises des deux Brisach (Alt-Breisach en Allemagne et Neuf-Brisach en France) et la rencontre de couples franco-allemands réunis à Strasbourg en septembre 2009.

La multiplication des réunions transfrontalières ne doit pas faire illusion cependant. Bien des obstacles restent à franchir pour réaliser en profondeur et dans la durée une véritable réconciliation, allant au-delà des pionniers et des militants acquis à la cause. Les difficultés d'ordre linguistique vont grandissant ces dernières années. Les Alsaciens capables de s'exprimer en allemand sont aujourd'hui moins nombreux que dans le passé et les Allemands capables de s'exprimer en français ne sont pas foule, même si un effort est fait dans les écoles de Bade. La domination de la langue anglaise dans l'enseignement des deux côtés du Rhin est frappante.

L'ouverture œcuménique

Des signes avant-coureurs avaient annoncé et préparé l'œuvre de Vatican II, y compris dans l'espace du Rhin supérieur. Rappelons à titre d'exemple les réunions mensuelles, déjà évoquées, d'un certain nombre de prêtres et de pasteurs alsaciens dans les années 1930. Les expériences de la guerre, soit au front, soit au plan local, face à des autorités hostiles ont, elles aussi, créé des liens qui allaient contribuer, malgré certaines tensions dues en particulier aux foyers mixtes, à créer un nouveau climat.

Mais ce fut véritablement le concile Vatican II et le nouveau regard jeté par l'Église catholique sur les « frères séparés » et leurs communautés qui allaient déclencher un élan œcuménique jusque-là inconnu. Réunions en tout genre, conférences et publications se multiplièrent. Une pastorale commune des foyers interconfessionnels était mise en place à Strasbourg[268] et en d'autres lieux. Des célébrations communes et d'autres échanges réunissaient les communautés. Chaque année, les autorités des Églises allaient se retrouver, jusqu'à nos jours, en Alsace comme ailleurs, pour une journée de prière et d'étude. Dans les années 1980, les sujets abordés furent, en Alsace, la Confession d'Augsbourg (1980), la mort et l'accompagnement des mourants (1985), la pratique chrétienne de la politique (1986), le problème du dimanche (1987).

En 1965, la Fédération luthérienne mondiale créait à Strasbourg le Centre d'études œcuméniques[269] qui, par ses nombreuses prises de position et publications sur la problématique du Concile, puis sur d'autres sujets, allait avoir un large rayonnement. Orienté, certes, vers les Églises du monde entier, il allait exercer une influence particulière dans les Églises du Rhin supérieur grâce aux conférences données par ses chercheurs ou encore par l'accueil de nombreux groupes de la région. La participation de membres du Centre aux entretiens qui ont abouti en 1972 à la Concorde dite de Leuenberg,[270] texte d'accord entre luthériens et réformés, allait avoir un impact certain, en particulier sur les Églises d'Alsace. Le dialogue mené de 1981 à 1984 avec les mennonites[271] français, implantés pour l'essentiel dans l'est de la France, allait, lui aussi, créer un nouveau climat de confiance. En 1999, les dialogues luthéro-catholiques, auxquels participèrent aussi des chercheurs du Centre, tel Harding Meyer, allaient conduire à une Déclaration commune sur la doctrine de la Justification,[272] qui exprimait un accord sur ce thème central, tout en faisant place, dans le cadre d'un consensus différencié, à une diversité d'affirmations et d'approches. Une célébration festive dans les cathédrales de Strasbourg et de Metz en 2000 et un ensemble de réunions en divers lieux œuvrèrent pour la réception de cet important document, qui exigeait, certes, de poursuivre la réflexion ecclésiologique, mais qui était aussi de nature à relancer l'élan œcuménique.

En 2001 était créé à Strasbourg un Conseil d'Églises chrétiennes dont faisaient partie les catholiques, les orthodoxes, les anglicans et les protestants de diverses obédiences.

Il faut encore évoquer un autre événement qui a beaucoup fait parler de lui en son temps. Il s'agit des Directives promulguées en 1972 par l'évêque de Strasbourg, Mgr Elchinger, sur l'hospitalité eucharistique.[273] Sensible à la détresse spirituelle de bien des couples mixtes, empêchés jusque là de communier ensemble alors qu'ils partageaient largement une même foi, l'évêque déclarait possible la communion dans une messe ou une célébration luthérienne. Sans taire les différences restantes qui empêchent une ouverture générale de l'eucharistie catholique aux membres d'autres Églises, il estime que toutes les Églises sont en route et qu'on ne peut réduire l'eucharistie à « être uniquement le signe et l'expression de l'unité déjà donnée dans le Christ ». « Elle est en même temps le moyen efficace par lequel le Christ ne cesse de nous convertir, de nous incorporer à Lui et de nous acheminer vers l'unité qui existe en Dieu au sens de la Communion Trinitaire. » Les gestes d'hospitalité eucharistique sont, certes, « exceptionnels, fragiles et provisoires », mais possibles et significatifs. Et, malgré les « déficiences », « plus ou moins importantes selon les Églises au plan de l'organisme sacramentel, par lequel l'Église se construit visiblement comme corps du Christ », « ceux qui célèbrent l'Eucharistie dans la foi et la fidélité au testament du Seigneur peuvent avoir réellement part à la vie du Christ qui se donne en nourriture aux siens pour l'édification de son Corps unique».

Les Églises chrétiennes et les juifs

Si le rapprochement entre les chrétiens est un fait évident depuis plusieurs décennies, la rencontre avec les juifs s'effectue plus lentement, tant est lourd le poids du passé. Et pourtant, elle est aujourd'hui une réalité à la fois sur le terrain et au niveau des autorités religieuses.

Depuis la tragédie de la Shoah, les théologiens chrétiens n'ont pas cessé de poser des jalons en vue du dialogue avec les juifs. Dès 1947, l'assemblée œcuménique de Seelisberg en Suisse rappelait que «c'est le même Dieu vivant qui nous parle à tous, dans l'Ancien comme dans le Nouveau Testament, que Jésus est né d'une Vierge juive, de la race de David et du peuple d'Israël». Elle demandait d'« éviter de rabaisser le judaïsme biblique ou post biblique dans le but d'exalter le christianisme [...], d'éviter l'accréditation impie que le peuple juif est réprouvé, maudit, réservé pour une destinée de souffrances».

De nombreux textes[274] ont repris et approfondi cette orientation, tant du côté catholique que du côté protestant.

La Charte œcuménique, adoptée en 2001 par les Églises à Strasbourg, évoque dans son dixième paragraphe la «communion particulière qui nous lie avec le peuple d'Israël avec lequel Dieu a conclu une Alliance éternelle. Nous regrettons et condamnons toutes les manifestations d'antisémitisme. [...] Pour l'antijudaïsme chrétien, nous demandons pardon à Dieu et nous demandons à nos frères et sœurs juifs de pouvoir nous réconcilier avec eux.»

Que s'est-il passé en Alsace sur le terrain ? Depuis de longues années, les Amitiés judéo-chrétiennes et l'Association Charles Péguy œuvrent pour la rencontre et le dialogue entre chrétiens et juifs. Au Concile (1962-1965), Mgr Elchinger, l'évêque de Strasbourg, fut l'un des défenseurs les plus ardents du rapprochement entre les chrétiens et les juifs.[275] Il présida aussi le Comité épiscopal pour les relations avec le judaïsme, créé en France en 1969, qui a publié en 1973 d'importantes orientations pastorales. Peu après son arrivée en Alsace, Mgr Joseph Doré a été invité par le grand rabbin de Strasbourg et salué en ces termes : « C'est Joseph qui est accueilli par ses frères ». Une commission diocésaine entretient le dialogue avec le judaïsme. Des prêtres consacrent une homélie d'un dimanche en automne à l'explication des fêtes juives célébrées dans ce temps de l'année.

Les profanations de tombes ou de synagogues, qui continuent de se produire aussi en Alsace, suscitent toujours la réprobation indignée des autorités chrétiennes, qui ne manquent pas de manifester leur solidarité. Les prises de position communes entre le grand rabbin et les autorités religieuses chrétiennes ne sont pas rares. Ils ont, par exemple, exprimé ensemble leur réprobation face au programme de l'extrême droite ou, en y associant les autorités musulmanes, ils ont lancé, avec les autorités civiles, en janvier 2009, l'Appel de Strasbourg qui demandait que ne fussent pas repris en Alsace les clivages entre Juifs et Palestiniens du Proche-Orient.

Les chrétiens et les musulmans

La forte présence des musulmans dans l'espace du Rhin supérieur n'a pas manqué d'interpeller les Églises. Nous avons vu la méfiance de certains fidèles à l'égard de l'islam et de ses fidèles, considérés quelquefois comme un corps étranger et menaçant. Pourtant, des signes d'ouverture sont apparus. De 1979 à 1982, la paroisse strasbourgeoise Saint-Matthieu a prêté ses locaux aux musulmans pour la célébration de leurs cérémonies.[276] Ce fut aussi le cas des paroisses protestantes de Cronenbourg et de Neuhof-Cité. Dans les années 1980, les Églises protestantes de Strasbourg mettaient en place un ministère spécialisé de relation avec l'islam, qui allait œuvrer de manière efficace pour le dialogue. En 1998, l'archevêque de Strasbourg, les deux présidents d'Église protestants et le grand rabbin lancèrent un appel en faveur de la construction d'une grande mosquée à Strasbourg. À Forbach, juifs, musulmans et chrétiens des deux confessions se rencontrent annuellement pour une prière interreligieuse pour la paix. En septembre 2001, cette prière a pris une intensité particulière en rapport avec la tragédie du 11 septembre à New York.

En 1996, le théologien strasbourgeois Étienne Trocmé avait proposé de faire une place institutionnelle à l'enseignement de la théologie islamique dans le cadre de l'Université de Strasbourg. De son côté, le responsable protestant des relations avec l'islam avait mis sur pied en 2000 un ensemble de rencontres dans les quartiers entre chrétiens et musulmans, avec le mot d'ordre « Invite ton voisin ». Cela donna lieu à de nombreuses rencontres individuelles, élargies à des rencontres entre les diverses communautés.

Du côté catholique,[277] des Amitiés nord-africaines étaient fondées dès 1954 par le père de Chassey à Strasbourg, et Michel Reeber signale en 1984 que « chaque fois qu'un lieu de prière fut mis à la disposition des musulmans d'Alsace, l'évêque de Strasbourg s'y est rendu et a assisté à l'inauguration ».[278] En 1974, Mgr Elchinger recevait solennellement les ulémas de La Mecque à la cathédrale.

« Plusieurs paroisses disposant de locaux vacants ont permis à des associations de musulmans de les utiliser comme lieux de prière et de rencontre. Des groupes d'échanges entre chrétiens et musulmans ont vu le jour à Strasbourg et à Mulhouse. »[279]

Au-delà des années 1980, des rencontres ont eu lieu entre catholiques (ou chrétiens) et musulmans. L'enseignement religieux dispensé par les catholiques et les protestants dans les écoles prévoit une information sur l'islam. Trois équipes de militants en contact avec les musulmans se rencontrent dans le cadre du Comité Maghreb. Une commission de dialogue avec l'islam a été mise en place. Des groupes d'échanges islamo-chrétiens réunissent des croyants d'un même quartier ou d'une même localité. Le Service de formation, de documentation, de partage et de réflexion sur les relations entre chrétiens et musulmans organise et anime diverses formations dans la région.

« L'Église catholique ainsi que les Églises protestantes ont détaché un prêtre et un pasteur pour assurer l'animation des rapports islamo-chrétiens en Alsace. [...] Au plan universitaire, différents lieux de formation en islamologie, en langue arabe et turque, ont été créés à l'université des sciences humaines de Strasbourg ».[280]

Voici ce que déclara en 1995 un jeune imam originaire du Maroc, actif dans une petite ville d'Alsace, quand il fut interrogé sur les relations interreligieuses : « J'insiste beaucoup sur le respect. Mais je dis toujours que le respect doit être mutuel. Le respect, ça ne fait pas de bruit. C'est peut-être pour cela qu'on n'en parle jamais à la télévision. J'insiste sur une chose : on habite dans un pays où les gens ne peuvent pas connaître l'islam à partir de rien, sans étudier, sans se renseigner ni surtout fréquenter des musulmans.

C'est pareil pour moi : si je veux apprendre à connaître le christianisme, je dois l'étudier, mais aussi rencontrer des chrétiens, les fréquenter. Si les Français veulent comprendre la religion musulmane, il est nécessaire qu'ils fréquentent des musulmans et qu'ils fassent la différence entre un Arabe et un musulman. »[281]

Voici ce qu'écrit Ove Ullestadt, le responsable des Églises protestantes pour le dialogue avec l'islam, en 2000 :

« Nous faisons un travail interne en informant les paroissiens au sujet de l'islam. Dans ce cas, il s'agit de parler de celui qui est absent. Nous organisons des conférences et des soirées-débats afin de travailler sur les préjugés, les malentendus, les images ou les représentations négatives de l'autre. Le public se montre intéressé, curieux et demandeur d'informations. Les thèmes sont divers et il y a un réel souhait de découvrir ce qui donne sens et valeur au musulman à travers sa culture, sa religion, son exil, son immigration et son acculturation. Mais le moyen le plus efficace et le plus productif en termes de transformation du regard est de faire en sorte que les uns et les autres se rencontrent en direct, se parlent, travaillent ensemble. Ce n'est qu'à partir de là que le dialogue peut naître. Il y a beaucoup d'expériences aujourd'hui dans notre département. Nous organisons, par exemple, de nombreuses visites de mosquées auxquelles participent des jeunes, des paroissiens, des pasteurs, etc. Il existe aussi différents groupes de dialogue permanents : l'un réunit des couples islamo-chrétiens, un autre fonctionne sur le campus universitaire et un groupe permanent réunit huit pasteurs et huit imams une fois tous les deux mois.

Dans notre région, le contexte est favorable. Nous avons organisé, pendant une année, avec la mosquée de Strasbourg, des conférences à deux voix – un conférencier chrétien et un conférencier musulman – autour de thèmes choisis ensemble. Côté musulman, on note une présence massive de jeunes et, côté chrétien, ce sont plutôt des personnes plus âgées qui y assistent. L'initiative du café interreligieux nous permet de mesurer les demandes des deux côtés et la nécessité d'inventer d'autres lieux et formes de rencontres.

L'islam évolue rapidement. Il s'agit donc d'instaurer aussi des relations de travail. Ainsi, des groupes chrétiens sont en relation avec les différentes sensibilités de la communauté turque. Des difficultés existent car il n'y a pas véritablement de consensus dans les Églises protestantes sur la démarche qui consiste à entrer en relation avec les musulmans. Beaucoup de peurs s'expriment encore dans des lieux paroissiaux. Les vieux clichés comme, par exemple, "les musulmans sont là pour nous islamiser" ont la vie dure. La diversité de l'islam est pour nous source de difficultés puisqu'il nous faut respecter une approche qui ne favorise ni les uns, ni les autres. »[282]

On peut, certes, s'interroger sur la portée et les effets des initiatives et des déclarations des autorités religieuses et de leurs représentants. Les fidèles de base ne partagent pas toujours certaines ouvertures. Il est certain qu'il faut du temps pour que les mentalités évoluent en profondeur et que l'affirmation d'une identité ne se fasse plus en opposition à d'autres identités sociales, politiques ou religieuses. Mais le rôle des autorités n'est-il pas d'œuvrer en faveur de l'ouverture ? Et, malgré tout, les signes de changements ne manquent pas.

14 MAI 1998

Déclaration des représentants des cultes reconnus d'Alsace et de Moselle sur le projet de construction d'une mosquée centrale à Strasbourg

1. Notre attention a été attirée depuis un certain temps déjà sur la situation de l'islam dans notre région. Notre avis est sollicité sur le projet de construction d'une mosquée centrale à Strasbourg.
2. Comme d'autres religions, l'islam témoigne de l'aspiration humaine à la transcendance et de l'affirmation de la foi, telle qu'elle s'exprime à travers la tradition coranique. Sans occulter les différences qui séparent le judaïsme et le christianisme de l'islam, certaines racines communes nous rapprochent de lui, en particulier l'affirmation du Dieu unique et transcendant et la place d'Abraham, père des croyants. Nous reconnaissons là le fondement de notre solidarité avec les croyants musulmans qui cherchent à vivre leur foi au sein de notre société.
3. L'existence de locaux cultuels adéquats est, de surcroît, une question de justice et de dignité : il est légitime que des croyants qui veulent se rassembler pour vivre leur religion puissent le faire.
4. Dans cette perspective, nous souhaitons vivement que les diverses communautés musulmanes de Strasbourg puissent disposer, dans leurs quartiers, de lieux de culte adaptés ou en construire de nouveaux.
5. Étant donné l'importance d'une mosquée centrale dans la tradition musulmane, et le souci légitime de visibilité des nombreux musulmans vivant à Strasbourg, la présence d'une telle mosquée nous paraît justifiée.
6. Sans méconnaître le lien existant, dans toutes les religions d'ailleurs, entre le culte et la culture, nous estimons que cette mosquée centrale devrait avoir en priorité une destination cultuelle. Elle serait avant tout un lieu de prière et d'instruction religieuse pour les fidèles. Les locaux pourraient toutefois être aménagés de telle manière qu'ils puissent aussi servir à la transmission de la culture et de la pensée musulmanes.
7. Une telle mosquée devrait s'établir en un lieu visible et facile d'accès. Il ne serait cependant pas souhaitable qu'elle soit pour autant située en un endroit dont la charge symbolique pourrait être associée à une seule religion au détriment du nécessaire pluralisme.
8. Dans l'esprit de notre propre recherche d'unité, nous souhaitons que la réalisation d'une mosquée centrale puisse permettre aux différentes composantes de l'islam présentes à Strasbourg de se rapprocher encore davantage les unes des autres.
9. Nous espérons qu'une telle réalisation puisse contribuer pour sa part à l'intégration culturelle et politique, dans notre société, des musulmans qui vivent parmi nous.

10. L'avancée dans cette direction présuppose :
- du côté musulman, le respect des lois de la République et le refus de toute ingérence étrangère ;
- du côté de nos communautés, la volonté d'accueillir et de dialoguer.

Mgr Joseph DORÉ, Archevêque de Strasbourg
Pasteur Marc LIENHARD, Président du Directoire de l'ECAAL
Pasteur Antoine PFEIFFER, Président du Conseil Synodal de l'ERAL
René GUTMAN, Grand Rabbin du Bas-Rhin.

NOVEMBRE 2010

Programme des manifestations de la semaine de rencontres islamo-chrétiennes dans la Communauté Urbaine de Strasbourg

12 novembre, Strasbourg, Munsterhof, table-ronde et débat : « *Des Hommes et des Dieux*... et nous ? Valeurs portées par le christianisme et l'islam »
16 novembre, Lingolsheim : « Chants et saveurs de nos deux cultures »
17 novembre, Strasbourg-Neudorf : « Mohamed, le Prophète de l'islam », avec Philippe Belfort, directeur de la revue *Islam Magazine* et membre de la Confrérie Soufie d'Istambul
18 novembre, Strasbourg : « Chrétiens et musulmans : comment vivons-nous la fraternité ? » avec Michel Reeber, Étienne Uberall, Ove Ullestad et Saïd Aala, président de la Grande Mosquée de Strasbourg
19 novembre, Strasbourg-Schiltigheim, à la mosquée Eyyub Sultan, en lien avec le groupe interreligieux de Schiltigheim : « M'ouvrir à la religion de l'autre : Quelle nécessité ? Quels obstacles ? Quelles avancées possibles ? »
20 novembre, Illkirch-Graffenstaden : visite commentée de la salle de prières et forum sur les religions citoyennes : acteurs et sources de réflexion dans les domaines de la solidarité, de l'accueil de l'étranger et du respect de la vie
21 novembre, Strasbourg, hôpital de Hautepierre : l'association des aumôniers musulmans des hôpitaux universitaires, à l'occasion de la fête du sacrifice d'Abraham, invite à un temps de partage et de convivialité
21 novembre, foyer protestant de Neudorf, soirée de clôture festive : Projection du film *Azur et Asmar* de Michel Ocelot
26 novembre, Strasbourg-Hautepierre : partage du repas de l'Aïd Al Adha

CHAPITRE XIII

Perspectives pour une identité plurielle et décomplexée

Le problème de l'identité et des identités

Notre parcours à travers l'histoire et l'attention portée au présent ont montré, me semble-t-il, combien il est difficile de parler de l'identité de l'Alsace et des Alsaciens, tant il est devenu évident qu'il y a à la fois des identités collectives, soumises au changement, et des identités individuelles qui ne s'identifient pas simplement aux identités collectives.

Certes, une identité collective s'est plus ou moins constituée au cours de l'histoire, tributaire en particulier de la situation géographique de l'Alsace, située entre la France et l'Allemagne. Nous avons évoqué les caractéristiques de cette identité : le bilinguisme, la place des religions, les mentalités de beaucoup d'Alsaciens. Cette identité nous semble être une réalité aujourd'hui encore, même si elle n'est plus vécue comme telle par tous les habitants de l'Alsace. Il convient cependant d'attirer l'attention sur les risques que court aujourd'hui cette identité.

C'est d'abord celui de l'oubli ou de l'ignorance. Or, quels que soient le cheminement et les choix des individus, ils restent, qu'ils le veuillent ou non, plus ou moins tributaires d'une histoire et marqués par l'influence d'un milieu et d'un environnement. Inutile de le nier, de se couper de ses racines et de penser qu'on peut recommencer à zéro. Sans s'y enfermer comme dans une prison, les individus ont tout à gagner à connaître l'histoire et, si possible dans la longue durée, la culture de la région qu'ils habitent. Cela s'applique aussi à ceux qui ont choisi d'y habiter.

Cela dit, on aurait tort de figer et de sacraliser une identité alsacienne héritée du passé comme si elle était une réalité immuable. Sans doute faut-il résister au monolinguisme promu par un patriotisme mal compris, ainsi qu'au maelström de la mondialisation. Mais il faut prendre en compte à la fois les changements de l'identité alsacienne traditionnelle et les changements démographiques intervenus dans la région. L'identité alsacienne n'est pas immuable. Nous avons vu que la part de l'allemand et de l'alsacien a diminué dans le vécu des Alsaciens. De manière générale, la vie quotidienne est davantage marquée par l'apport français qu'il y a quelques générations. Par ailleurs, la présence d'individus, de familles et de groupes qui ne sont pas nés dans la région a beaucoup augmenté. Ils ont leur identité propre, française ou étrangère, qu'on ne peut pas insérer contre leur volonté dans une identité alsacienne, même s'il est de leur intérêt de s'enraciner aussi dans la culture de la région. Ainsi, l'émergence d'une société multiculturelle est un fait qu'il est difficile de nier.

Observons, de manière plus générale, que l'identité des individus ne recoupe pas nécessairement ou totalement l'identité collective. Les individus ont leur histoire propre. Ainsi, les hommes de ma génération ont été fortement marqués par leur participation à la guerre d'Algérie. L'identité individuelle change, elle aussi : « Mon identité bouge sans cesse, se fait, se défait et se transforme au gré des expériences vécues personnellement, des émotions partagées, des bonheurs et des drames de la vie. »[283] S'il est néanmoins concevable et courant qu'un individu se rattache à une identité collective, il faut admettre aussi que nous avons part à plusieurs identités. Ainsi je suis à la fois Alsacien, Français et Européen, comme je suis à la fois chrétien, protestant et tout simplement humain.

À côté de l'oubli ou de la sacralisation de l'identité alsacienne, il y a un troisième risque qui est celui de la folklorisation. Certes, il n'est pas interdit d'aimer la tarte flambée, la choucroute, les cigognes, les maisons à colombage et les géraniums, ou même le costume traditionnel, mais faut-il réduire l'identité alsacienne à ces aspects-là ? N'y aurait-il pas d'autres dimensions à évoquer et à promouvoir, comme l'ouverture à deux cultures ou encore la fonction de médiation entre des peuples et des religions ? L'Alsace n'aurait-elle pas vocation, de par son histoire et sa géographie, à être un champ d'expérimentation de la diversité et de l'ouverture ?

La connaissance de l'histoire et le travail de mémoire

Si attentifs que nous soyons au présent, nous avons bien des raisons d'être attentifs à l'histoire. C'est pourquoi le présent livre s'est souvent référé au passé. S'il faut éviter l'enfermement dans le passé, il faut résister aussi au « présentisme » des mentalités d'aujourd'hui, qui se coupe à la fois de l'avenir et du passé et qui veut vivre seulement dans le présent.

En ce qui concerne l'histoire de l'Alsace, il faut saluer la diversité, la qualité et souvent le succès de bien des publications consacrées à la région. Mais quel est leur impact sur l'enseignement de l'histoire dispensé dans les écoles, les collèges et les lycées d'Alsace ? Il y a quelque temps déjà, une option « langue et culture régionales » était mise en place, mais seule une petite minorité l'a choisie. La grande majorité des élèves d'Alsace accède seulement à l'histoire nationale et passe à côté de ce qui dans les villes et les villages, les rues et les monuments, jalonne et exprime l'histoire particulière de l'Alsace. N'est-ce pas une anomalie ? Pendant huit siècles, l'Alsace a eu une histoire différente de celle du Royaume de France. Rien ne justifie que cette histoire soit passée sous silence ou déformée.

Par ailleurs le temps est venu de renforcer l'impartialité du discours historique. Pendant très longtemps, la présentation de l'histoire de l'Alsace répondait à un objectif patriotique : il fallait prouver sur une base historique que l'Alsace était française ou allemande, quitte à prendre des libertés avec telle ou telle série d'événements. Cette préoccupation se traduisait jusque dans le vocabulaire : là où les historiens français parlaient d'invasions barbares, les Allemands parlaient de « *Völkerwanderung* » (migration des peuples). Les premiers justifiaient le rattachement de l'Alsace à la France, au XVIIe siècle, en évoquant le vœu exprimé par les Alsaciens, les seconds parlaient de « conquête ». Quand l'Alsace rejoignait la France, c'était pour les uns un rattachement, pour les autres, une conquête et une annexion. En 1870, c'était bien sûr l'inverse : annexion selon l'historiographie française, rattachement selon les Allemands.

Pourquoi ne serait-il pas possible aujourd'hui de réaliser un manuel franco-allemand sur l'histoire de l'Alsace ? On a bien fait un tel manuel pour l'histoire internationale.[284]

En fait, le rapport des Alsaciens à l'histoire ne relève pas seulement de la grande histoire, de celle qui s'étend sur de nombreux siècles et qui est étudiée et présentée par les historiens professionnels. C'est aussi leur histoire personnelle et familiale. C'est ce qu'ils ont vécu, eux ou leurs parents et grands-parents depuis un ou deux siècles. C'est une histoire souvent faite de sang et de larmes, de souffrance et de haine. Cette histoire est nichée dans les mémoires. Et ce sont les mémoires qu'il faut apaiser, voire guérir, tant elles sont souvent tourmentées.

Cette histoire doit pouvoir se dire, elle ne doit pas être enfouie dans l'oubli ou refoulée. Nous plaidons pour une identité narrative où les uns et les autres se racontent. Non pour ressasser des événements douloureux, mais pour les surmonter par la parole. Est-ce illusoire d'attendre d'un tel récit qu'il dépasse la victimisation ou la glorification, si chères aux Alsaciens, et qu'il devienne possible, le cas échéant, de reconnaître des erreurs et des fautes ?

En ce qui concerne les autres, ceux qui ont fait d'autres choix politiques ou culturels, faut-il les enfermer à tout jamais dans le rejet et dans la condamnation ?

Le bilinguisme, une cause perdue ? [285]

Nous avons évoqué le lien souvent établi entre l'identité alsacienne et le bilinguisme et les problèmes qui se posent aujourd'hui. Contentons-nous ici de proposer quelques orientations.

Il convient d'abord de décomplexer ceux qui utilisent le dialecte ou qui pourraient le faire. Il n'est pas exact que le dialecte est surtout un réservoir de gros mots et qu'il ne dépasse pas la vulgarité de certains sketches populaires. Il peut être tout à fait chic de parler l'alsacien. Ce dialecte se meut aussi bien sur le terrain amoureux que sur le terrain lyrique, sans oublier l'espace religieux comme le montrent les cultes et messes célébrés dans le cadre de la manifestation appelée « Un printemps pour notre langue ». Même si le dialecte peut comporter des relents passéistes, il est toujours pour ceux qui le pratiquent d'une grande richesse.[286] Il faut aussi rassurer les Alsaciens honteux de leur accent. Il ne suffit pas d'ailleurs de ne plus parler l'alsacien pour perdre l'accent ! Rappelons qu'il y a d'autres régions en France, dans le midi comme dans le nord, où les habitants parlent le français avec un certain accent, sans oublier le Canada francophone et... les Parisiens !

Devrait-on se contenter du dialecte alsacien qui serait vraiment propre à l'Alsace, alors que la langue allemande serait la langue du voisin ? Cette thèse a été défendue en 1999 par Robert Grossmann dans son ouvrage *Main basse sur ma langue*. Les spécialistes ont fait observer que malgré certaines différences, il s'agit de la même langue. Nous avons relevé plus haut que la distinction n'a été faite qu'après 1870. Si riche que soit le dialecte, il a besoin du haut allemand, c'est-à-dire d'une langue standard, pour se maintenir. Il est une variante, surtout orale, de cette langue. Quel que soit l'intérêt de la littérature dialectale, c'est pourtant en allemand que se sont exprimés, pendant des siècles, la plupart des grands auteurs de la littérature en Alsace. Livré à lui-même, le dialecte alsacien s'étiolerait et ferait place rapidement au seul français.

Inversement, certains défendent l'idée qu'on devrait s'en tenir à l'apprentissage de l'allemand, « la langue du voisin» comme on dit, en abandonnant peu à peu le dialecte alsacien. Mais cela n'aurait-il pas un caractère artificiel? À la différence de l'alsacien, le haut allemand n'a plus guère d'existence sociale en Alsace,[287] alors que l'alsacien est toujours utilisé. Se contenter de l'allemand standard et pratiquer un bilinguisme tel qu'on peut le trouver à Paris ou à Berlin, ne serait-ce pas réserver le bilinguisme à une petite élite bourgeoise ou intellectuelle? Selon la formulation d'Eugène Philipps, «sans le dialecte, l'Alsacien se coupe de son peuple; sans le haut allemand, il se coupe de son passé; sans le français – hypothèse absurde – il se couperait du présent».[288] Mais le fait que même le peuple, c'est-à-dire les ouvriers, les artisans et la petite bourgeoisie, parle de plus en plus exclusivement le français, relativise quelque peu l'affirmation de Philipps qui date de 1982.

Mais pourquoi faut-il continuer à apprendre et à pratiquer l'allemand sous ses deux formes en Alsace? Les difficultés de cette entreprise ont été souvent relevées: partout dans le monde, les dialectes sont fragilisés, et beaucoup disparaissent. Par ailleurs, les Alsaciens de souche ne vivent pas seuls dans leur région. Au moins un tiers des habitants sont originaires d'autres régions voire d'autres pays. On peut aussi évoquer l'histoire et les mentalités en France: être Français signifie pour la grande majorité parler français. L'allemand/alsacien parlé en Alsace a été ressenti, surtout après 1945, comme la langue de l'ennemi. D'aucuns mettent aussi en avant la difficulté d'apprendre deux langues en même temps. Pourtant, nous l'avons vu, des réalisations actuelles prouvent que c'est possible, sans oublier ce qui se pratique dans d'autres pays tels que la Suisse.

Alors, pourquoi maintenir le parler alsacien/allemand en Alsace?

Rappelons d'abord l'existence de la minorité : quelque six cent mille personnes qui parlent toujours cette langue. On arrive bien à maintenir le bilinguisme allemand-italien pour les quelque cinq cent mille habitants germanophones du Tyrol du sud ! Ne faut-il pas respecter les droits à l'éducation bilingue et à la reconnaissance du fait bilingue comme on respecte les droits des minorités francophones au Canada et ailleurs ? Sans faire pour autant des Alsaciens bilingues les derniers des Mohicans.

En second lieu, faut-il rappeler que le haut allemand, dont l'alsacien est une version dialectale, n'est pas seulement la langue du régime nazi, mais une langue de culture millénaire qu'il est utile de connaître dans une région proche de l'Allemagne. Non seulement pour comprendre la série policière *Tatort* ou suivre les reportages de football à la *Sportschau*, mais parce que cette langue donne aussi accès à tout l'espace de l'Europe de l'est, sans même parler des emplois en Allemagne du sud. N'est-il pas utile et correct de comprendre la langue du voisin et de la pratiquer dans une certaine mesure, d'autant plus que les échanges culturels et économiques se sont considérablement accrus au cours des dernières années ? On sait que le recul du dialecte et de la connaissance de l'allemand a eu pour effet une diminution du nombre des travailleurs frontaliers alsaciens en Allemagne et en Suisse. En 2006 ils étaient selon les chiffres de l'INSEE 64 200 : 30 600 en Allemagne et 32 600 en Suisse, 10 % de moins qu'en 1999. Les Alsaciens étaient remplacés par des Allemands. Pour la première fois ces derniers sont aujourd'hui (en 2010) plus nombreux à Bâle que les Alsaciens.

Évoquons en troisième lieu l'histoire et la culture. Abandonner le dialecte, et par là un accès facile à l'allemand, serait assurément se couper du passé et de ce qui a marqué dans la durée la culture, voire l'âme de la région. Des êtres humains sans lien avec leur histoire, leurs ancêtres et une culture séculaire seraient appauvris. Ce serait assurément un profond changement d'identité si par hypothèse et par malheur, le bilinguisme disparaissait en Alsace et que l'Alsace devenait, sous l'angle linguistique, une province de France comme les autres.

Il y a enfin l'opinion des Alsaciens eux-mêmes. Depuis 1945, nous l'avons vu, ils demandent avec constance un enseignement de l'allemand à l'école. En 1992, une enquête révélait que le bilinguisme était la seconde priorité des enquêtés après la qualité de l'eau. Ils sont attachés à ce qu'ils considèrent comme une spécificité de l'Alsace, même si beaucoup ne transmettent pas ce bilinguisme à leurs enfants ou qu'une moitié seulement, comme le montre une enquête de mars 2007 portant sur 1 363 personnes, a foi en l'avenir du dialecte.

Il est évident que l'apprentissage d'une seconde langue telle que l'alsacien/allemand et sa pratique exigent certaines conditions et des acteurs prêts à remplir ces conditions. Il faut d'une part que l'enfant soit mis en contact très jeune, à l'école comme dans la famille, avec cette langue et qu'il garde le contact avec elle après la fin de sa scolarité. Les classes paritaires vont d'ailleurs dans cette direction. Les Alsaciens reprochent souvent à l'école et aux autorités scolaires de n'en faire pas assez pour le bilinguisme. Il est vrai qu'après 1945 des résistances se sont manifestées de la part des autorités scolaires vis-à-vis d'une pratique de l'alsacien et d'un enseignement de l'allemand à l'école. Il est vrai aussi que la formation des maîtres en ce domaine a souvent laissé à désirer. Sans la participation de l'école, l'engagement des familles reste aléatoire. Mais on ne peut pas tout attendre de l'école. C'est dans la rue ou dans la famille que bien des Alsaciens sont devenus bilingues. Les familles doivent être convaincues : le bilinguisme est possible, et pas seulement pour les enfants doués, et il est utile et souhaitable de parler deux langues au lieu de s'en tenir au monolinguisme et au slogan répandu après 1945, « C'est chic de parler français » ! Cela dit, rares seront les bilingues parfaits, mais il ne paraît pas impossible de créer, par une pédagogie adaptée, au moins une sensibilité linguistique à l'autre langue.

Qu'en est-il des habitants de l'Alsace venus d'ailleurs ? Faut-il leur imposer le bilinguisme et lier l'identité alsacienne uniquement ou principalement à l'utilisation du dialecte alsacien ? Il est certain que la liberté des uns et des autres doit être respectée et que d'autres minorités comme celles originaires d'Afrique du nord ou de Turquie ont, elles aussi, le droit de conserver leur culture propre. Pour autant, une sensibilisation à la culture et la langue de la région où elles se sont établies paraît souhaitable et certains s'engagent d'ailleurs sur ce terrain, même si l'effort essentiel porte sur l'apprentissage de la langue française. Des manuels existent d'ailleurs qui facilitent l'accès à l'alsacien.[289] Comme le note Eugène Philipps, « l'Alsace n'a pas seulement des contours géographiques. Elle a également une histoire, une langue, une culture qui lui sont spécifiques ».[290] C'est un appel à s'y investir d'une manière ou d'une autre.

À la rencontre de l'autre

Chez beaucoup d'Alsaciens apparaît la tendance bien humaine de se satisfaire de ce qui leur est familier et de se méfier de tout ce qui est nouveau, ou qui n'est pas né entre le Rhin et les Vosges. Il en découle une méfiance face aux autres, en particulier ceux qui sont venus d'ailleurs et qui ont d'autres modes de vie, d'autres cultures et d'autres religions.

Mais, qu'on le veuille ou non, la mobilité des populations est un fait incontournable à notre époque. Nombreux sont les Français, comme d'ailleurs les autres Européens ou citoyens du monde, à changer de lieu d'habitation pour des raisons professionnelles. Comment persuader les Alsaciens de souche que l'autre n'est pas seulement une menace ou une réalité qui dérange, mais qu'il enrichit une culture et élargit l'horizon ?

Certains partis politiques agissent en sens contraire, en attisant la méfiance et les peurs face à ce qu'ils qualifient d'atteinte à l'identité alsacienne. À certains moments, cela n'est pas resté sans échos au sein de la population alsacienne.

Mais on ne construit rien sur les peurs. C'est la rencontre et l'ouverture qui importent, dans le cadre républicain et sur la base de règles admises par tous, pour assurer une coexistence paisible et féconde. Il y a heureusement chez les Alsaciens de souche des prédispositions pour un tel vivre ensemble. Beaucoup ont connu ou connaissent aujourd'hui eux-mêmes la mobilité, notamment professionnelle, et se sont habitués à la rencontre de l'autre, au-delà même des frontières. Par ailleurs, il y a dans la région une réelle tradition d'hospitalité, souvent relevée par les visiteurs qui apprécient la chaleur humaine des Alsaciens une fois que la glace a été rompue. Relevons enfin que, depuis des siècles, les Alsaciens se sont habitués à la diversité religieuse et ont peu à peu surmonté les peurs de l'autre en ce domaine. Cette ouverture les aidera à assumer aujourd'hui de nouvelles diversités, religieuses ou culturelles.

Cela dit, l'accueil et la rencontre de l'autre n'impliquent pas le renoncement à toute identité propre. Il serait néfaste de vouloir être caméléon pour mieux s'entendre avec les autres. C'est en assumant et en affirmant sereinement, sans agressivité, leur propre identité que les Alsaciens seront véritablement capables d'accueil, de rencontre et d'échanges.

Les institutions, les associations, les familles et les individus

Comme toute vie sociale, une identité a besoin d'un cadre et de supports pour exister et se perpétuer. C'est dire la nécessité d'institutions et d'une volonté politique œuvrant au service des populations. Pour ce qui est des institutions civiles, deux préoccupations n'ont cessé de s'exprimer dans la population au cours des derniers siècles, et encore aujourd'hui. C'était d'une part le souhait que l'autorité régionale soit vraiment régionale, qu'elle ait un pouvoir réel et que les décisions ne soient pas seulement prises à Paris. La décentralisation répond à une tendance profonde inscrite dans les mentalités en Alsace. Il y a d'autre part une ancienne et réelle aspiration à la démocratie, c'est-à-dire à la participation des habitants aux processus de décision. L'abstention qui gangrène depuis quelque temps les élections est une atteinte regrettable à un bon fonctionnement démocratique. Il faut s'interroger sur les raisons de cette abstention.

Les institutions politiques et leurs représentants sont appelés aussi à s'intéresser à l'identité et aux identités présentes en Alsace. Leur soutien est attendu, à la fois pour traduire au plan législatif les aspirations des Alsaciens, et pour soutenir financièrement un certain nombre d'initiatives. Encore faut-il qu'il y ait en ce domaine une réelle volonté politique, attentive aux réalités culturelles comme aux réalités économiques.

À côté des institutions politiques, l'école joue un rôle certain au service de l'identité, nous l'avons vu tout au long de l'ouvrage. Il serait difficile d'envisager un avenir pour le bilinguisme si l'école se limitait à un service minimum ou qu'elle ne donnerait accès à plusieurs langues qu'aux élites. Pendant plusieurs décennies, les tensions opposaient à ce sujet de nombreux parents à l'école, et plus précisément à certains syndicats et aux autorités scolaires. Elles n'ont pas disparu totalement, même si elles se sont atténuées dans l'ensemble et que des efforts ont été entrepris au service du bilinguisme.

Les autorités politiques et scolaires ne sont, heureusement, pas les seules à œuvrer pour la vie sociale et pour la culture. Nous avons relevé la présence et l'action de nombreuses associations. En ce domaine, l'Alsace bénéficie d'une longue tradition. Elle s'étend aux domaines les plus divers : des sports à la culture, de la pêche aux anciens combattants en passant par le social et l'économique. Disposant d'une grande liberté d'action, tout en étant tributaires du soutien des autorités publiques, ces associations jouent un rôle fondamental au sein de la population d'Alsace. Non seulement à cause des objectifs poursuivis par lesquels elles prolongent, voire remplacent l'action des autorités, mais aussi parce qu'elles sont un lieu de socialisation pour de nombreuses personnes actives en leur sein. Il serait regrettable au plus haut point que l'individualisme ambiant les fragilise et les amène à s'étioler.

Comme la plupart des Français, les Alsaciens ont tendance à beaucoup (trop ?) attendre des institutions publiques dont l'école. Il faut résister à cette tendance et combattre la passivité latente des uns et des autres. À côté des associations, il faut revaloriser la place et le rôle des familles, mais aussi l'engagement des individus. Nous avons vu combien grand est le rôle des familles pour transmettre ou non le dialecte. Il faut élargir le propos : où se transmettent les valeurs, les modes de vie et la culture sinon d'abord et toujours par les familles ? La fragilisation actuelle de bien des familles, patente en Alsace comme ailleurs, fragilise aussi, voire détruit les identités, privées d'un terrain propice. En effet, chez un enfant, l'éclosion d'une identité s'effectue normalement dès le jeune âge.

Venons-en enfin aux individus. On sait combien la tradition française a valorisé l'individu, en relativisant voire en occultant les corps intermédiaires entre la nation et l'individu. C'est l'individu que l'école devait former selon un modèle républicain et laïc. Cette orientation a peut-être atteint aujourd'hui ses limites : même s'il faut toujours résister au communautarisme, faut-il occulter ou nier les liens de tout être humain avec des communautés civiles, culturelles ou religieuses ?

En tout état de cause, pourtant, il convient, nous semble-t-il, de conforter l'engagement et les choix personnels des individus. C'est particulièrement important dans une région comme l'Alsace, où les individus se sont souvent réfugiés dans le cocon des groupes, en succombant au conformisme. Comme l'écrivait Paul Winninger en 1956 : « L'Alsacien, un peu grégaire par nature, assez sujet au respect humain, forme fâcheuse d'une timidité qui est manque de personnalité, est difficile à hausser au niveau de l'engagement propre et autonome ».[291] La cause est-elle perdue d'avance ? N'y a-t-il pas mille raisons et bien des possibilités pour responsabiliser les habitants de la région, pour les encourager à prendre des initiatives, à résister au qu'en-dira-t-on et à s'engager personnellement, aussi bien au plan politique que dans les domaines associatifs et culturels ?

Une ou des identités en Alsace ?

L'affirmation d'une identité régionale est-elle encore possible aujourd'hui ou faut-il se résoudre, voire se résigner, à la coexistence entre une identité nationale d'une part et une diversité d'identités personnelles et sociales d'autre part ?

Les difficultés qui pèsent sur une affirmation de l'identité alsacienne héritée de l'histoire ont été évoquées tout au long de l'ouvrage. D'autres peuvent encore être nommées. Il y a l'histoire et la culture françaises qui ont fait que l'État français s'est construit, à travers les temps, contre les identités particulières, qu'elles fussent régionales ou religieuses. Une identité régionale basée sur des pratiques telles que le bilinguisme et la place faite à la religion se heurtent aux pesanteurs et aux résistances d'un État centralisé qui se méfie des régions, et d'un État laïc qui relègue la religion dans la sphère privée.

Pour ce qui est de l'Alsace, il y a d'autre part l'évolution démographique. Selon Jean-Marie Woehrling, « à peu près 50 % de la population [alsacienne] est issue de familles qui n'ont pas d'histoire alsacienne ».[292] Le chiffre, qui est une estimation, nous paraît exagéré. Il devrait être plutôt d'environ un tiers. Mais, même si on manque de statistiques précises, le fait ne peut pas être nié. Alors, comment attribuer une identité alsacienne basée sur l'histoire et impliquant un certain nombre de valeurs et de pratiques à des hommes et des femmes qui n'ont pas de part à l'histoire de l'Alsace ? Nous avons parlé plus haut de respect des nouveaux arrivés à l'égard de cette identité déterminée historiquement, et si possible de participation accrue à certains éléments de cette identité tels que le bilinguisme. Ils sont un certain nombre à s'y être engagés pour être proches des Alsaciens de souche. Mais une telle démarche n'est plus évidente à l'heure où la diversité l'emporte sur l'identité et les choix familiaux ou individuels sur les appartenances collectives.

Nous avons vu combien, dans le passé, l'affirmation de l'identité régionale a suscité le soupçon et les critiques. Certains y ont vu la persistance d'un autonomisme déconsidéré depuis le ralliement d'un certain nombre de ses représentants au régime nazi. Plus récemment, d'autres ont établi un rapprochement entre les nombreux suffrages recueillis par l'extrême droite et l'attachement à l'identité régionale. De tels griefs, qu'on pourrait récuser sans trop de peine, ont cependant la vie dure. Alors, au vu de ces obstacles, y a-t-il encore un espace et une chance pour une identité régionale ?

Nous en voyons quatre. À l'heure actuelle, à la différence des derniers siècles, la réconciliation entre la France et l'Allemagne a pour effet qu'on peut aimer la langue allemande et le dialecte alsacien sans être accusé pour autant de velléités autonomistes, ou d'une germanophilie visant le retour de l'Alsace à l'Allemagne.

En second lieu, même dans la France laïque, beaucoup commencent à comprendre qu'on ne doit pas reléguer la religion dans la sphère privée, mais qu'elle est porteuse de sens et de solidarité au sein de la société. La situation en Alsace paraît donc moins exotique que dans un passé récent et cette dimension de l'identité alsacienne peut être acceptée aujourd'hui plus facilement.

En troisième lieu, on peut évoquer les chances du processus de décentralisation. Certes, celle-ci est loin d'être arrivée à son terme et il y a de regrettables retours en arrière. Mais la constitution de conseils régionaux avec des pouvoirs plus étendus ne pourrait-elle pas être une chance pour affirmer l'identité régionale ?

En quatrième lieu, on n'oubliera pas que nous vivons dans une Europe où des nationalismes exacerbés au XIXe siècle ont, le plus souvent, été surmontés en Europe occidentale. Depuis soixante-cinq ans, il n'y a plus eu de guerre entre la France et l'Allemagne, alors qu'il y en a eu trois dans les soixante-quinze années précédentes ! Les échanges culturels et économiques entre les pays exigent aujourd'hui des régions fortes, appelées à s'épanouir dans un cadre plus large que celui d'une nation particulière et à contribuer au renforcement de la communauté européenne.

Cela dit, au vu des évolutions démographiques rappelées plus haut, il paraît illusoire et mal venu d'imposer une identité régionale unique et forte à tous les habitants de l'Alsace. Il y en a certainement une, héritée de l'histoire et dont nous avons décrit les caractéristiques et les atouts. Elle concerne près de la moitié des habitants de la région. Elle peut être affirmée aussi aujourd'hui et ses potentialités telles que le bilinguisme peuvent être défendues et renforcées, en particulier à l'heure des échanges économiques et culturels entre la France et l'Allemagne. Mais il faut reconnaître aussi que ce n'est pas la seule identité possible en Alsace. Il y en a d'autres, liées à l'histoire d'autres groupes ou aux choix individuels des uns et des autres. Elles méritent tout autant d'être soutenues et respectées, même si, comme nous l'avons dit, on peut attendre de tous les habitants d'une région un intérêt pour la culture de cette région, héritée du passé, sans tomber pour autant dans un passéisme dépassé.

Bibliographie

Instruments de travail

Bibliographie alsacienne. Revue critique des publications concernant l'Alsace, Strasbourg-Paris, 1922ff.

Encyclopédie de l'Alsace, 12 vol., Strasbourg, 1982-1986.

Nouveau Dictionnaire de Biographie Alsacienne (NDBA), 49 vol., Strasbourg, 1984-2007.

Études

Johann ADAM, *Evangelische Kirchengeschichte der Stadt Strassburg bis zur Französischen Revolution*, Strasbourg, 1922; du même, *Evangelische Kirchengeschichte der elsässischen Territorien bis zur Französischen Revolution*, Strasbourg, 1928.

Émile BAAS, *Situation de l'Alsace*, Strasbourg, 1945, rééd. 1973.

André Marcel BURG, *Histoire de l'Église d'Alsace*, Colmar, 1946.

Jean DENTINGER, *2000 Jahre Kultur am Oberrhein*, Mundolsheim, 1977.

Philippe DOLLINGER (dir.), *Histoire de l'Alsace*, Toulouse, 1970, 1979 (3e édition.)

Du même (dir.), *L'Alsace de 1900 à nos jours*, Toulouse, 1979.

Jean-Marie GALL et Wolf Dieter SICK, *Das Elsass. Bilder aus Wirtschaft, Kultur und Geschichte*, Bühl, 1991.

René EPP, Marc LIENHARD, Freddy RAPHAËL, *Catholiques, Protestants, Juifs en Alsace*, Alsatia, 1992.

René EPP (dir.), *Histoire de l'Église catholique en Alsace des origines à nos jours*, Strasbourg, 2003.

Frédéric HOFFET, *Psychanalyse de l'Alsace*, Colmar, 1951, Paris, 1961, rééd. 1994.

Pierre KLEIN, *La question linguistique alsacienne de 1945 à nos jours*, Strasbourg, 1998 ; du même, *Langues d'Alsace et pourquoi les Alsaciens renoncent-ils à leur bilinguisme. Sprachen des Elsass' und wàrum verzichten die Elsässer auf ihre Zweisprachigkeit ?*, Haguenau, 2007.

Paul LÉVY, *Histoire linguistique d'Alsace et de Lorraine*, 2 vol., Paris, 1929.

Marc LIENHARD, *Foi et vie des protestants d'Alsace*, Strasbourg-Wettolsheim, 1985 ; du même, *Identität im Wandel : Die Elsässer, Akademie der*

Wissenschaften und der Literatur, Mainz, Abhandlungen der Geistes- und sozialwissenschaftlichen Klasse, Jahrgang 2010, N° 3, Stuttgart, 2010.

Pierre MAUGUÉ, *Le particularisme alsacien* 1918-1967, Paris, 1970.

Pierre PFLIMLIN et René UHRICH, *L'Alsace, destin et volonté*, Paris, 1963.

Eugène PHILIPPS, *Les luttes linguistiques en Alsace jusqu'en 1949*, Strasbourg, 1975 ; du même, *L'Alsace face à son destin. La crise d'identité*, Strasbourg, 1978.

Freddy RAPHAËL et Robert WEYL, *Juifs en Alsace*, Toulouse, 1977.

Freddy RAPHAËL, Geneviève HERBERICH-MARX, *Mémoires plurielles de l'Alsace*, Strasbourg, 1991, 1995 (2e édition).

Francis RAPP (dir.), *Histoire de l'Alsace*, 10 vol., Wettolsheim, 1976-1979.

Rodolphe REUSS, *Histoire d'Alsace*, Paris, 1912 (6e édition).

Jean ROTT, *Investigationes Historicae, Églises et société au XVIe siècle*, 2 vol., Strasbourg, 1986.

Charles STAUFFER, *L'Alsacien et son dialecte*, Strasbourg, 1979.

Jean-Claude STREICHER, Georges FISCHER et Pierre BLÈZE, *Histoire des Alsaciens*, 2 vol., Paris, 1979.

Henri STROHL, *Le Protestantisme en Alsace*, Strasbourg, 1950, rééd. 2000.

Katharina VAJTA, *« Nous n'avons plus de langue pour nos fêtes des famille » : Le changement de langue dans une famille alsacienne*, Acta Universitatis Gothoburgensis, 2004.

Bernard VOGLER, *Histoire culturelle de l'Alsace*, Strasbourg, 1993 ; du même, *Histoire des Chrétiens d'Alsace*, Paris, 1994 ; du même, *Histoire politique de l'Alsace*, Strasbourg, 1995 ; du même (dir.), *Nouvelle Histoire de l'Alsace*, Toulouse, 2003.

Alfred WAHL, *Confession et comportement dans les campagnes d'Alsace et de Bade*, 2 vol., [Strasbourg], 1980 ; du même (avec Jean-Claude RICHEZ), *L'Alsace entre France et Allemagne*, Paris, 1994 ; du même, *Petites haines ordinaires entre chrétiens d'Alsace. Les conflits catholiques-protestants dans l'espace public alsacien 1860-1940*, Strasbourg, 2004.

Laurence WINTER, *Ciel ! Mon mari est muté en Alsace*, Strasbourg, 2000.

Notes

Liste des abréviations :

DNA : *Les Dernières Nouvelles d'Alsace*
EA : *Encyclopédie de l'Alsace*
INSEE : Institut national de la statistique et des études économiques
NDBA : *Nouveau Dictionnaire de Biographie Alsacienne*

1. Voir Alex Mucchielli, *L'identité*, Que sais-je, Paris, 1986, 7e édition, 2009.
2. Ibid., p. 65-79.
3. Ibid., p. 68.
4. Ibid., p. 72
5. Bernadette Schnitzler, Jean Sainty, *Aux origines de l'Alsace. Du paléolithique au néolithique*. Les collections du Musée archéologique 1, Strasbourg, 1992; Bernadette Schnitzler, *Âge du bronze, âge du fer. La protohistoire en Alsace*, Les collections du Musée archéologique 3, Strasbourg, 1994.
6. Jean-Jacques Hatt, *L'Alsace celtique et romaine de 2200 avant Jésus Christ à 450 après Jésus Christ*, Wettolsheim, 1978.
7. *EA* 12 (1986), p. 7422-7423 et la bibliographie indiquée.
8. Robert Forrer, *L'Alsace romaine*, Paris, 1925 ; Bernadette Schnitzler, *L'Alsace romaine. Cinq siècles de civilisation romaine en Alsace*. Les collections du Musée archéologique 4, Strasbourg, 1996.
9. Paul Lévy, *Histoire linguistique d'Alsace et de Lorraine*, 2 vol., Paris, 1929.
10. Bernard Vogler (éd.), *La Décapole. Dix villes d'Alsace alliées pour leurs libertés 1354-1679*, Strasbourg, 2009.
11. Jean Dentinger, *Dichter und Denker des Elsass'*, Strasbourg, 1971 ; du même, *2000 Jahre Kultur am Oberrhein, Literatur im Elsass,* Mundolsheim, 1977 ; Bernard Vogler, *Histoire culturelle de l'Alsace*, Strasbourg, 1994.
12. En France, on parle de « mystique rhénane », en Allemagne de « deutsche Mystik » , voir le Colloque de Strasbourg des 16-19 mai 1961, Paris, 1963.
13. Voir Charles Schmidt, *Histoire littéraire de l'Alsace*, Paris, 1879, 2 vol., repr. Niewkoop, 1966 ; *L'humanisme en Alsace*, Congrès de l'Association Guillaume Budé, 20-22 avril 1938, Paris, 1939 ; Paul Adam, *L'humanisme à Sélestat*, Sélestat, 1962 ; Coll. *Grandes figures de l'humanisme alsacien*, Strasbourg, 1978 ; Francis Rapp, « Préréforme et Humanisme, Strasbourg et l'Empire », in : Georges Livet et Francis Rapp (éd.), *Histoire de Strasbourg des origines à nos jours*, t. 2, Strasbourg, 1981.
14. Martin Greschat, *Martin Bucer, Ein Reformator und seine Zeit*, Munich, 1900, trad. française : Matthieu Arnold, Paris, 2002 ; Christian Krieger et Marc Lienhard, *Martin Bucer and Sixteenth Century Europe*, Actes du Colloque de Strasbourg, 28 au 31 août 1991, 2 vol., Leiden, 1993.
15. Anton Schindling, *Humanistische Hochschule und freie Reichsstadt. Gymnasium und Akademie in Strassburg 1538-1621*, Wiesbaden, 1977.
16. Georges Weil, *Histoire des Juifs en France*, Toulouse, 1972 ; Freddy Raphaël et Robert Weyl, *Juifs en Alsace, Culture, société, histoire*, Toulouse, 1977.

17. Johann Adam, *Evangelische Kirchengeschichte der Stadt Strassburg bis zur französischen Revolution*, Strasbourg, 1922 ; du même, *Evangelische Kirchengeschichte der elsässischen Territorien bis zur französischen Revolution*, Strasbourg, 1928 ; René Epp, Pierre Levresse, Charles Munier, *Histoire de l'Église catholique en Alsace des origines à nos jours*, Strasbourg, 2003.
18. Miriam Usher Chrisman, *Strasbourg and the Reform*, New Haven, 1967 ; Lorna Jane Abrey, *The People's Reformation. Magistrates, Clergy and Commons in Strasbourg 1500-1598*, Ithaca, New York, 1985 ; Jean Rott, *Investigationes Historicae. Églises et société au XVIe siècle*, 2 vol., Strasbourg, 1986 ; Marc Lienhard, *Un temps, une ville, une Réforme. La Réformation à Strasbourg*, Aldershot, 1990.
19. Thomas Brady, *Ruling Class, Regime and Reformation at Strasbourg 1520-1555*, Leiden, 1978.
20. Voir les contributions de Rodolphe Peter, Léon Halkin, Roger Zuber et Christian Wolff in : Georges Livet et Francis Rapp (éd.), *Strasbourg au cœur religieux du XVIe siècle*, Strasbourg, 1977 ; Philippe Denis, *Les Églises d'Étrangers en Pays rhénans (1538-1564)*, Paris, 1984.
21. Henri Strohl, *Le Protestantisme en Alsace*, Strasbourg, 1950, 2000, p. 130-132 ; Philippe Denis, *Les Églises d'Étrangers* (note 20), p. 399-415.
22. Rodolphe Reuss, *L'Alsace au XVIIe siècle*, 2 vol., Paris, 1897-1898 ; Georges Livet, *L'intendance d'Alsace sous Louis XIV, 1648-1715*, Strasbourg, 1956, rééd. 1991 ; du même, avec N. Wilsdorf, *Le Conseil souverain d'Alsace au XVIIe siècle. Les traités de Westphalie et les lieux de mémoire*, Strasbourg, 1997.
23. Vogler (note 11).
24. Roland Marx, *Recherches sur la vie politique de l'Alsace prérévolutionnaire et révolutionnaire*, Strasbourg, 1966 ; « L'Alsace au cœur de l'Europe révolutionnaire », *Revue d'Alsace* 116 (1990) ; *Saisons d'Alsace* 104 (été 1989) : « 1789 : Nouv*EA*ux regards sur la Révolution en Alsace ».
25. Vogler (note 11).
26. Voir pour cette période : *Das Reichsland Elsass-Lothringen, 1871-1918*, 4 vol., Francfort, 1931-1938 ; *Das Elsass von 1870 bis 1932*, 4 vol., Colmar, 1936-1948 ; Alfred Wahl, *L'Alsace contemporaine 1871-1939*, Wettolsheim, 1977 ; François Igersheim, *L'Alsace des notables 1870-1914. La bourgeoisie et le peuple alsacien*, Strasbourg, 1981 ; François Überfill, *La Société strasbourgeoise entre France et Allemagne (1871-1924)*, Strasbourg, 2001 ; *Saisons d'Alsace* n°45 (2010).
27. Christian Baechler, *Les Alsaciens et le Grand Tournant de 1918*, Strasbourg, 2008.
28. François-Georges Dreyfus, *La vie politique en Alsace 1919-1936*, Paris, 1969 ; Léon Strauss, « Le malaise alsacien et le développement de l'autonomisme. La vie politique en Alsace dans l'entre-deux-guerres », *Historiens-Géographes* n° 347 (février 1995), p. 227-236.
29. Karl Heinz Rothenberger, *Die elsass-lothringische Heimat- und Autonomie-Bewegung*, Berne - Francfort, 1976[2].
30. Catherine Storne-Sengel, *Les Protestants d'Alsace-Lorraine de 1919 à 1939 entre les deux Règnes*, Strasbourg, 2003.
31. *Saisons d'Alsace* 105 (automne 1989), « 1939. L'évacuation » ; *Saisons d'Alsace* Nouvelle série 41 (2009), « L'Évacuation », in : Bernard Reumaux et Alfred Wahl (éd.), *Alsace 1939-1945, La Grande Encyclopédie des années de guerre*, Strasbourg, 2009.
32. Marie Joseph Bopp, *L'Alsace sous l'occupation allemande 1940-1945*, Le Puy, 1945 ; Lothar Kettenacker, *Nationalsozialistische Volkstumspolitik im Elsass*, Stuttgart, 1977 ; P. Rigoulot, *L'Alsace-Lorraine pendant la guerre 1939-1945*, coll. Que Sais-je ? Paris, 1998[2] ; *La Grande Encyclopédie des Années de Guerre* (note 31).
33. Jean-Laurent Vonau, *L'épuration en Alsace. La face méconnue de la Libération, 1944-1953*, Strasbourg, 2005.
34. Martin Allheilig (dir.), *Petite anthologie de la poésie alsacienne*, Strasbourg, 1962 ; Adrien Finck, *Littérature alsacienne XXe siècle. Elsässische Literatur 20. Jahrhundert*, Strasbourg, 1990 ; André Wackenheim, Raymond Matzen, Adrien Finck, *La littérature dialectale alsacienne*, Paris, 1993-1999, 5 vol.
35. A la fin du XVIIe siècle, l'Alsace comptait 275.000 habitants. Un siècle plus tard, en 1784, le nombre s'élevait à 675.000, 754.000 en 1801, puis 1.045.000 en 1851.
36. Elle était, en 2004, de 1,74 contre un taux national de 1,90.
37. Voir *Wikipedia* et *DNA* du 10 février 2010 (article de Jacques Fortier).

38. Voir Georges Livet, *L'Intendance d'Alsace sous Louis XIV, 1648-1715*, Strasbourg, 1956, rééd. 1991 ; du même, « La Guerre de Trente Ans et les traités de Westphalie. La formation de la province d'Alsace (1618-1715) », in : Philippe Dollinger, *Histoire de l'Alsace*, Toulouse, 1970, p. 259-303.
39. Louis Batiffol, *L'Alsace est française. Par ses origines, sa race, son passé*, Paris, 1919.
40. Arthur Young, *Voyages en France pendant les années 1787-1788-1789 et 1790*, Paris, 1790, 1794, p. 438.
41. Cité par Paul Arnold, *Histoire secrète de l'Alsace*, Paris, 1979, p. 160.
42. Lévy I, p. 339
43. Young (note 40), p. 437-438.
44. Raymond Matzen, *Goethe et l'Alsace*, Strasbourg, 1973 ; du même, *EA* 6 (1984), p. 3400-3403 : « Goethe ».
45. Goethe, *Dichtung und Wahrheit*, Stuttgart, 1991, p.537.
46. Matzen (voir note 44), p. 3402.
47. Goethe (note 45), p. 517.
48. Roland Marx, « De la Révolution à la Restauration », in : Dollinger, *Histoire de l'Alsace* (note 38), p. 357-394.
49. Ibid., p. 374.
50. Ibid., p. 380.
51. Cité par Wolfgang Haubrichs, « Der Krieg der Professoren. Sprachhistorische und Sprachpolitische Argumentation in der Auseinandersetzung um Elsass-Lothringen zwischen 1870 und 1918 », in : Roland Marti (éd.), *Sprachenpolitik in Grenzsituationen, Politique linguistique dans les régions frontalières*, Sarrebruck, 1996, p. 213-249. La citation : p. 214.
52. *Courrier du Bas-Rhin* du 11 octobre 1848.
53. Haubrichs (note 51), p.215.
54. Ibid., p. 216-218.
55. Ibid., p. 220.
56. Ibid., p. 222-223.
57. Ibid., p. 222-224.
58. *La France devant l'Europe*, Florence, etc., 1871, p. 10ss.
59. Haubrichs (note 51), p. 236.
60. Ibid., p. 238.
61. *NDBA* 34 (1999), 3555-3556.
62. *L'Alsace et les prétentions prussiennes. Réponse d'un Alsacien aux Allemands*, Genève, 1871.
63. Gérard Noiriel, « Socio-histoire d'un concept. Les usages du mot « nationalité » au XIXe siècle », *Genesis* 20, Paris, 1995, p. 4-23.
64. Fustel de Coulanges et Numa Denis, *L'Alsace est-elle allemande ou française ? Réponse à M. Mommsen*, Paris, 1870, rééd. in : *Questions contemporaines*, Paris, 1916, p. 89-102.
65. *Quand la France pleurait l'Alsace-Lorraine, 1870-1914, Les « provinces perdues » aux sources du patriotisme républicain*, Strasbourg, 2008.
66. *Ausblick vom Münsterturm. Erinnerungen*, Tübingen - Stuttgart, 1952 (trad. française : *Souvenirs d'une Allemande de Strasbourg*, Strasbourg, 1996).
67. Ibid., p. 49-50.
68. *NDBA* 40 (2002), p. 4277-4279.
69. « Deutsche und französische Kultur im Elsass », *Revue alsacienne illustrée*, 1900, p. 71-92, 113-140, 177-216 (et tiré à part), trad. française, « Le génie national des races française et allemande en Alsace », *Revue internationale de sociologie* 1902, p. 177-824, 857-1907 (tiré à part, Paris, 1903).
70. « Kultur und Nationalbewusstsein im Elsass », *Revue alsacienne illustrée* 1908 (et tiré à part), trad. française et préface par H. Lichtenberger, *Civilisation et patriotisme en Alsace*, Strasbourg, 1909.
71. Dans son essai de 1900, l'auteur distingue deux types de culture : la « culture française » serait une « culture des sens » (*Geschmackskultur*, *Sinnenkultur*), qui serait sous-développée en Allemagne. L'allemande serait « culture de l'esprit » (*geistige Kultur*). La première trouve son expression dans l'art, dans l'industrie, dans la gastronomie, dans l'architecture, dans les vêtements, et en général dans la vie quotidienne. L'Alsace se serait approprié cette culture par son appartenance à la France. Quant à la « culture de l'esprit », pas absente en France, elle s'exprimerait dans ce pays par la vivacité

dans le jugement, par une langue plus rationnelle que d'autres langues et par le rôle culturel joué par Paris. Mais, au XIXe siècle, elle ne se serait pas imposée en Alsace. La culture de l'esprit serait diffusée en Allemagne par l'enseignement. C'est aussi le cas en Alsace, où la scolarisation était supérieure à celle de l'intérieur de la France. Mais la culture ainsi acquise serait scolaire.

72. *Deutsche Geschichte der jüngsten Vergangenheit und Gegenwart*, t. II, Berlin, 1913.
73. *EA* 11 (1985), p. 6679-6680: «L'Affaire de Saverne».
74. Philippe Dollinger (dir.), *L'Alsace de 1900 à nos jours*, Toulouse, 1979, p. 72-76.
75. Cité dans Matthieu Arnold, *La Faculté de Théologie Protestante de l'Université de Strasbourg de 1919 à 1945*, Strasbourg, 1990, p. 22.
76. *NDBA* 10 (1987), p. 844-847.
77. *Alsace 1939-1945. La Grande Encyclopédie des Années de Guerre*, Strasbourg, 2009.
78. Cité par Gabriel Wackermann dans l'article «Alsacien» (*EA* 1, 1982), p. 150.
79. *L'Alsace de 1900 à nos jours* (note 74), p. 209.
80. *Ciel! Mon mari est muté en Alsace...*, Strasbourg, 2000.
81. Ibid., p. 62.
82. Ibid., p. 43.
83. *DNA* du 9 mai 2010.
84. *NDBA* 40 (2002), p. 4254-4256
85. Voir Theodor von Liebenau, *Der Franziskaner Dr. Thomas Murner*, Freiburg i.B., 1913; *Thomas Murner. Humaniste et théologien alsacien 1475-1537*, Catalogue d'exposition, BNUS et Badische Landesbibliothek Karlsruhe, 1987; *NDBA* 27 (1996), p. 2781-2785.
86. Charles Schmidt, *Histoire littéraire de l'Alsace*, Paris, 1879, repr. Niewkoop, 1966, t. I, p. 31-46; Emil von Borries, *Wimpheling und Murner im Kampf um die ältere Geschichte des Elsasses*, Heidelberg, 1926.
87. Schmidt (note 86), p. 38-39.
88. Schmidt (note 86), p. 39-40; Borries (note 3), p. 33-36.
89. Bruxelles, 1871, deux rééditions.
90. Victor-Eugène Ardouin-Dumazet, *Voyage en France. Les provinces perdues* II, *Basse Alsace*, Paris, Nancy, 1907, p. 204.
91. Laurence Turetti, *Quand la France pleurait l'Alsace*, Strasbourg, 2008, p. 98.
92. L'ouvrage parut en 1912. Nous citons d'après l'édition de 1919, Paris, Floury.
93. *Deutschlands Rechte auf Elsaß-Lothringen* (1871), rééd. in: *Kleine Historische Schriften*, t. 3, Stuttgart, 1880, trad. franç. Bruxelles, 1871.
94. Franz von Löher, *Aus Natur und Geschichte von Elsaß-Lothringen*, Leipzig, 1871, p. 39.
95. *Deutsche und französische Kultur im Elsaß*, Strasbourg, 1900.
96. Wolfgang Haubrichs, «Der Krieg der Professoren. Sprachhistorische und sprachpolitische Argumentation in der Auseinandersetzung um Elsaß-Lothringen zwischen 1870 und 1918», in: *Sprachpolitik in Grenzregionen. Politique linguistique dans les régions frontalières* (éd. Roland Marti), Sarrebruck, 1996, p. 221-249, voir en particulier p. 244-249.
97. *D'r Hoflieferant. Elsässische Komödie in drei Aufzügen*, G. Stoskopf, Strasbourg, 1906.
98. *Cahiers Alsaciens, Elsässer Hefte* 7 (janvier 1913), p. 3-30.
99. *Les Noms géographiques et la Préhistoire de l'Alsace*, Mulhouse, 1920.
100. «Noms de lieux d'origine celtique en Alsace et en Lorraine», *Revue d'Alsace* 1926 et 1927.
101. Vue d'ensemble chez Fritz Langenbeck, «Elsaß-lothringische Ortsnamenliteratur», *Zeitschrift für Ortsnamenforschung*, 1930, t. VI, 1, p. 164-191.
102. *EA* 12 (1986), p. 7356-7365, article «toponymie» (D. Schweitzer); Michel Paul Urban, *La Grande Encyclopédie des lieux d'Alsace*, Strasbourg, 2010; Wolfgang Haubrichs, «« Germanen oder Kelten? » Die toponymische Deutungshoheit im Elsass und in Lothringen zwischen 1870 und 1918 (und danach)», in Nicole Eller, Stefan Hackl, Marek Lupták (éd.), *Namen und ihr Konfliktpotential im europäischen Kontext*, Regensburger Symposium, 11-13 avril 2007, Regensburger Studium zur Namenforschung, t. 4, Ratisbonne, 2008, p. 153-169.
103. Xavier-Louis Brunaux, *Nos Ancêtres les Gaulois*, Paris, 2008.
104. *Histoire de Strasbourg* (s. l. d. de Georges Livet et Francis Rapp), Strasbourg, t. II (1981), p. 89-91; *EA* 7 (1984), 4360-4361.
105. *EA* 7, 4361.
106. Marc Lienhard, «La Réforme à Strasbourg», in: *Histoire de Strasbourg*, t. 2 (note 104).

107. René Bornert, « Le catholicisme à Strasbourg : Les résistances », in : *Strasbourg au cœur religieux du XVIe siècle* (s. l. d. de Georges Livet et Francis Rapp), p. 445-456 ; Marc Lienhard (note 104), p. 393-395.
108. Archives Municipales de Strasbourg II, 7, 20
109. François Joseph Fuchs, « Les catholiques strasbourgeois de 1529 à 1681 », *Archives de l'Eglise en Alsace*, t. 38 (1975), p. 141-169 ; Pierre Levresse, « La survie du catholicisme à Strasbourg au XVIe siècle », in : *Strasbourg au cœur religieux du XVIe siècle* (note 107), p. 457-469 ; Marc Lienhard, « La Réforme » (note 104).
110. Marc Lienhard, « Les autorités civiles et les anabaptistes : attitudes du Magistrat de Strasbourg (1526-1532) », in : Marc Lienhard (dir.), *The Origins and Characteristics of Anabaptism. Les débuts et les caractéristiques de l'anabaptisme*, La Haye, 1977, p. 196-215 ; du même, « Les autorités politiques et les dissidents 1526-1540 », *Conscience et liberté* 25 (1983), p. 61-73 ; Klaus Deppermann, *Melchior Hoffman*, Göttingen, 1979.
111. Marc Lienhard, « Une Strasbourgeoise du XVIe siècle hors du commun : Catherine Zell », *Saisons d'Alsace* 31, Nouvelle série n° 97 (septembre 1987), p. 67-70 ; Elsie McKee, *Katharina Schütz-Zell*, 2 vol., Leyde, 1999.
112. Bernard Vogler, *Nouvelle Histoire de l'Alsace*, Toulouse, 2003, p. 158-160.
113. Rodolphe Reuss, *L'Alsace au XVIIe siècle*, Paris, 1897-1898, t. 2, p. 560.
114. Ibid., p. 554.
115. Gustav Matthis, *Die Leiden der Evangelischen in der Grafschaft Saarwerden*, Strasbourg, 1888 ; Johannes Adam, *Evangelische Kirchengeschichte der elsässischen Territorien bis zur französischen Revolution*, Strasbourg, 1928, p. 246-152 ; Henri Strohl, *Le protestantisme en Alsace*, Strasbourg, 1950, 2000[2], p. 235-236.
116. Adam (note 115), p. 256-261 ; Strohl (note 115), p. 236.
117. Georges Livet, *L'intendance d'Alsace sous Louis XIV, 1648-1715*, Strasbourg, 1956, rééd. 1991 ; Vogler, *Nouvelle Histoire de l'Alsace* (note 112), p. 153-156.
118. Vogler (note 112), p. 186-187.
119. Eugène Philipps, *Les luttes linguistiques en Alsace jusqu'en 1945*, Strasbourg, 1975.
120. Michel Deneken, *Une Église locale face au nazisme. L'Église d'Alsace 1940-1945*, Strasbourg, 1989 ; Marc Lienhard, « Les protestants », in : René Epp, Marc Lienhard, Freddy Raphaël, *Catholiques, Protestants, Juifs en Alsace* [Colmar], 1992, p. 151-154 ; Bernard Vogler, *Histoire des chrétiens d'Alsace*, Paris, 1994, p. 309-320 ; René Epp, *L'Église d'Alsace sous l'oppression nazie (1940-1945)*, Strasbourg, 2000.
121. Alfred Wahl, *Confession et comportement dans les campagnes d'Alsace et de Bade 1871-1939*, [Strasbourg], 1980, t. II, p. 839-861.
122. Léon Strauss, « Exil, exclusion, extermination. Les juifs alsaciens en zone sud », in : *Alsace. La Grande Encyclopédie des années de guerre*, Strasbourg, 2009, p. 1124-1153, la citation se trouve p. 1125.
123. Ibid., p. 1124.
124. Ibid., p. 1127-1128.
125. Pour la période depuis 1945, voir Pierre Klein, *La question linguistique alsacienne de 1945 à nos jours*, Strasbourg, 1998.
126. Eugène Philipps, *Le défi alsacien*, Strasbourg 1982, p. 382.
127. Ibid., p. 380.
128. Voir *EA*, t. 9 (1984), p. 5128-5129, article « Migrations dans l'histoire de l'Alsace » de Bernard Vogler ; *EA* 5 (1983), p. 2692-2699, article « Émigration » de J. Schweitzer.
129. *EA*, t. 9, Vogler, p. 5128-5129.
130. B. Vogler, *Nouvelle Histoire de l'Alsace* (note 112), p. 177.
131. François Uberfill, *La société strasbourgeoise entre France et Allemagne (1871-1924)*, Strasbourg, 2001 ; Pascale Hugues, « 1918. L'expulsion des Allemands indésirables en Alsace », *DNA* du 11.11. 2009, p. 2.
132. Charlotte Herfray, *Emil ou les héritiers sans testament*, Strasbourg, 2008.
133. André Weckmann, cité dans *EA*, t. 1, (1982) « Alsacien », p. 152.
134. Charlotte Herfray (note 132), p. 20-21.
135. Titre d'une enquête réalisée en 1975 par Wolfgang Ladin et portant le titre : *Der elsässische Dialekt museumsreif?* voir aussi Wolfgang Ladin et Henri Rosenfeld, « Le processus de normalisation linguistique en Alsace », *Revue des Sciences Sociales de la France de l'Est* 8 (1979), p. 120-157.
136. *La Guerre des Paysans 1525*. Etudes et documents réunis par Alphonse Wollbrett, Société d'Histoire et d'Archéologie de Saverne et environs, n° supplémentaire 93

(décembre 1975), Saverne, 1975; Georges Bischoff, *La Guerre des Paysans. L'Alsace et la Révolution du Bundschuh*, Strasbourg, 2010.

137. Voir chapitre IV, note 108; J.F. Vierling, *Das Ringen um die letzten dem Kathozismus treuen Klöster Strassburgs*, Strasbourg, 1914; Francis Rapp, «La vie religieuse du couvent de Saint-Nicolas-aux-Ondes à Strasbourg de 1525 à 1592», *Cahiers de l'Association interuniversitaire de l'Est* 4 (1962), p. 15-30.

138. Pour Dominique Dietrich voir Henri Strohl, *Le Protestantisme en Alsace*, Strasbourg, 1950, 2000[2], p. 207-211; Paul Greissler, *Le patriciat urbain à Strasbourg 1650-1750*, Strasbourg, 1984; Georges Livet, «L'exil à Paris, Guéret et Vesoul de l'Ammeister Dominique Dietrich et la politique religieuse de la monarchie à Strasbourg 1681-1694», *Bulletin de la Société de l'Histoire du Protestantisme Français* 146 (2000), p. 367-390.

139. Voir Johann Adam, *Evangelische Kirchengeschichte der elsässischen Territorien bis zur französischen Revolution*, Strasbourg, 1928, p. 246-252, 256-261; Henri Strohl, *Le Protestantisme en Alsace* (note 21), p. 233-236; Gérard Leser, in: *La Décapole* (s.l.d. de Bernard Vogler), Strasbourg, 2009, p. 326-328.

140. Adam (note 138), p. 218-226; Strohl (note 138).

141. F. Hecker, *Die Stadt und das Thal zu Münster im St.-Gregorienthal*, Strasbourg, 1890; J. Adam, *Evangelische Kirchengeschichte* (note 139), p. 408-409; G. Leser, *EA* 9 (1984), p. 5378-5382.

142. *NDBA* n° 40 (2002), p. 4203-4204.

143. Pour Hansi, pseudonyme de Jean-Jacques Waltz (1873-1951), voir *Saisons d'Alsace* 4 (1952), «Hommage à Hansi»; Robert Perr*EA*u, *Hansi ou l'Alsace révélée*, Colmar, 1979; Jacques Feger, *Hansi, une vie pour l'Alsace*, Strasbourg, 2007; Benoît Bruant, *Hansi. L'Artiste tendre et rebelle*, Strasbourg, 2008.

144. *NDBA* n°41 (2003), p. 4392-4393.

145. *NDBA* n°5 (1984), p. 407-408.

146. Cité par Robert Heitz, in: Philippe Dollinger (dir.), *L'Alsace de 1900 à nos jours*, Toulouse, 1979, p. 27.

147. Friedrich Spiesser, *Tausend Brücken. Eine biographische Erzählung aus dem Schicksal eines Landes*, Stuttgart, 1952; Paul Schall, *Elsass, gestern, heute, morgen*, Fildenstadt, 1976; Hermann Bickler, *Ein besonderes Land. Erinnerungen und Betrachtungen eines Lothringers*, Lindhorst, 1978; Karl Heinz Rothenberger, *Die Elsass-Lothringische Heimat- und Autonomie-Bewegung*; Philippe Bankwitz, *Alsatian Autonomist Leaders 1919-1947*, Lawrence, 1978; du même, «Les chefs autonomistes alsaciens», *Saisons d'Alsace* 71 (1980).

148. *Alsace. La Grande Encyclopédie des Années de Guerre*, s.l.d. de Bernard Reumaux et Alfred Wahl, Strasbourg, 2009, p. 1265-1284, 1355-1356.

149. Bernard Vogler, *Nouvelle Histoire de l'Alsace*, (note 112) p. 263.

150. Voir «Comprendre l'incorporation de force. Les jeunes d'Alsace et de Moselle dans l'Armée allemande», n° hors-série de l'*Ami-Hebdo*, hiver 2005; *La Grande Encyclopédie des Années de Guerre* (note 31).

151. In: *Petite Anthologie de la Poésie alsacienne* t. VI, Strasbourg, 1972, p.11.

152. *La Grande Encyclopédie des Années de Guerre* (note 31), p. 742, 915, 927, 1073.

153. Marc Lienhard, «Les méandres de la mémoire», in: Jean-Pierre Rioux (dir.), *Nos embarras de mémoire. La France en souffrance,* Panazol, 2008, p. 119-129.

154. Gabriel Schoettel, *Un village si paisible*, Strasbourg, 2000, 2005[2].

155. Lienhard, «Les méandres de la mémoire» (note 153).

156. L'article «Wir reden deutsch», *Erwiniana* I (1838), p. 34-37 a paru sans indication d'auteur. On admet en général qu'il s'agissait du théologien protestant Edouard Reuss. La citation se trouve p. 36.

157. *NDBA* n° 36 (2000), p. 3790-3792.

158. *NDBA* n° 26 (1995), p. 2566.

159. *NDBA* n° 20 (1993), p. 1892-1894.

160. *Notre avenir est bilingue – Zweisprachig ist unsere Zukunft*, Strasbourg, 1968, 63 pages. Ce premier cahier fut suivi par d'autres: René Schickele, *Gedichte*, 1969; *Valeurs du bilinguisme. Wert der Zweisprachigkeit*, 1969; *Anthologie de poètes alsaciens et lorrains contemporains*, 1969.

161. Pour l'attitude des Églises quant au problème linguistique, voir René Griesemann et Theo Wolff, «Die Kirchen im sprachlichen Wandel Elsaß-Lothringens seit 1945», *Der Westen*, Beiheft 13, Gesellschaft der Freunde und Förderer der Erwin von Steinbach Stiftung, Filderstadt, Bernhausen, 1989.

162. *DNA* du 27 février 2007. Selon les *DNA* du 16 mars 2010, les diverses troupes de théâtre alsacien compteraient environ 3500 acteurs de toutes générations.
163. Voir pour ces hommes le *NDBA*.
164. *NDBA* 36 (2000), p. 3790-3792.
165. Voir *NDBA* 15 (1989) et note 143.
166. Outre l'article du *NDBA* n° 27 (1996), p. 2748-2751 et la bibliographie qui y est indiquée, voir encore : Eve Cerf, « Le Barabli de Germain Muller », *Revue des sciences sociales de la France de l'Est*, n° 17 (1989-1990), p. 173-183 ; la même, « Dramaturgie et société. Essai sur le Théâtre alsacien et le Barabli », numéro spécial de la *Revue alsacienne de littérature*, 1990 ; Frédéric Hartweg, « L'Alsace sort de la guerre ... et ouvre son Barabli, Germain Müller », *Land un Sproch* n° 165 (janvier-février 2008), p. 13-17.
167. *NDBA* n° 35 (2000), p. 3632.
168. Voir à ce sujet Auguste Wackenheim, *Zunderscht-zewerscht*, Strasbourg, 1971 ; du même, *Rires et sourires en Alsace et ailleurs*, Strasbourg, 1976 ; Otfried von Zeltingen, *Riss mir e Bein erüs*, Strasbourg, 1976 ; *EA* t. 7 (1984), p. 4122-4124, « humoristes » ; ibid. p. 4124-4230, « humour » ; Marc Lienhard, *Dieu rit en Alsace*, Strasbourg, 2004 ; *Saisons d'Alsace* 34 (2007), p. 49-69, « Mieux vaut en rire. L'humour alsacien dans tous ses états » ; Freddy Willenbucher, *D'Lachkür*, Strasbourg, 2009.
169. Voir aussi Laurence Winter, *Ciel ! Mon mari est muté en Alsace*, Strasbourg, 2000.
170. Pierre Pflimlin, René Uhrich, *L'Alsace, destin et volonté*, Paris, 1963, p. 37.
171. Freddy Sarg et Charlie Barat, *Rires alsaciens pendant les années noires 1939-1945*, Strasbourg, 2000.
172. Charlotte Herfray, *Emil* (note 132), p. 22.
173. Voir chapitre VI, annexe.
174. Texte dans Finck, *Littérature alsacienne XXe siècle*, Strasbourg, 1990, p. 347-348.
175. Texte et traduction chez Laurence Winter, *Ciel ! Mon mari est muté en Alsace...* (note 169), p.112-113.
176. Jean Dentinger, *Dichter und Denker des Elsass von 600 bis 1600*, Mundolsheim, 1977 ; Bernard Vogler, *Histoire culturelle de l'Alsace*, Strasbourg, 1996.
177. Arthur Zivy, *Elsässer Jiddisch*, Bâle, 1973 ; Raymond Matzen, « Vieux dictons, proverbes et adages judéo-alsaciens », *Saisons d'Alsace* 55-56, Nouvelle série (1975), p. 158-178 ; du même, « Le judéo-alsacien et les hébraïsmes alsaciens », *Saisons d'Alsace*, ibid., p. 189-204 ; *EA* t. 7 (1984), p. 4356-4358 : « judéo-alsacien ».
178. Raymond Rietsch, « Le parler Mänisch ou Yaenisch », *Annuaire de la Société d'Histoire des quatre cantons* 29 (1999).
179. En voici quelques-unes : *Unterstützung, Mittelstand, Verwaltung, Unterstand, Stacheldraht* (citées par Ch. Stauffer, *L'Alsacien et son dialecte*, Strasbourg, Oberlin, 1979).
180. *DNA* du 21 septembre 2001.
181. L'auteur, Katharina Vajta, enseigne actuellement à Göteborg, mais a passé sa jeunesse en Alsace.
182. *EA* 7 (1984), p. 4358-4385.
183. Bernard Vogler, *Histoire des Chrétiens d'Alsace*, Paris, 1994.
184. Vogler, *Histoire des Chrétiens d'Alsace*, (note 183) p. 59-110 ; Georges Livet, Francis Rapp (dir.), Strasbourg au cœur religieux du XVIe siècle ; Marc Lienhard, « La Réforme à Strasbourg », *Histoire de Strasbourg*, t. II, 1981, p. 365-540 ; du même, *Un temps, une ville, une Réforme,* Aldershot, 1990.
185. Marc Lienhard, in : René Epp, Marc Lienhard, Freddy Raphaël, *Catholiques, Protestants, Juifs en Alsace*, [Colmar], 1992, p. 181-184.
186. *EA* 9 (1984), p. 5431-5439.
187. Pour les chiffres entre 1871 et 1962 concernant les catholiques, les protestants et les juifs, voir : Marc Lienhard, *Foi et vie des protestants d'Alsace*, Strasbourg – Wettolsheim, 1981, p. 105 ; pour la population juive dans le Bas-Rhin de 1784 à 1953 voir *EA* 7, p. 4383.
188. Sondage *DNA* / IDL / ISERCO, *DNA* des 6 et 8 octobre 1998.
189. Enquête téléphonique TNS Sofres auprès d'un échantillon national représentatif de 4 794 personnes de plus de quinze ans (3 janvier – 4 mars 2007).
190. www.ifop.com/europe/docs/religions_geo.pdf
191. Bernard de Laennec, *Cultes et enseignement en Alsace et en Moselle*, Bibliographie, législation et documentation (1801-1977), RIC Supplément 39-40, 1977.

192. Jean Volff, *La législation des Cultes Protestants en Alsace et en Moselle*, Strasbourg, 1993.
193. Henri Strohl, *Le Protestantisme en Alsace*, Strasbourg, 1950, 2000², p. 185-285 ; Lienhard, *Foi et Vie* (note 187), p. 46-56.
194. Lienhard, *Foi et Vie* (note 187), p. 114.
195. *Revue de droit local* n° 46 (décembre-janvier 2006), p. 1-2.
196. Voir Volff, *La Législation* (note 192), p. 201-212 ; Guy Siat, « Les cultes non reconnus en Alsace-Moselle », *Revue de droit local* n°40 (février 2004), p. 29-36.
197. Jean-François Kovar et Bernard Xibaut, *Moines et moniales en Alsace*, Strasbourg, 2007.
198. Bernard Vogler, *Histoire des Chrétiens d'Alsace*, Paris, 1994, p. 280.
199. Voir *EA* 12 (1986), p. 7334-7335.
200. Mgr Joseph Doré, « L'Église d'Alsace au seuil du troisième millénaire », in : *Les Annales de l'Académie d'Alsace* n° 67 (2001), p. 70-86, l'information sur les mariages est donnée p. 71.
201. Marc Lienhard, « Message et piété, morale et engagements », in : Gustave Koch et Marc Lienhard, *Les protestants d'Alsace : Du vécu au visible*, Strasbourg, Wettolsheim, 1985, p. 25-29.
202. Freddy Raphaël, in : René Epp, Marc Lienhard, Freddy Raphaël, *Catholiques, protestants, juifs en Alsace*, Colmar, 1992, p. 234.
203. Ibid.
204. Ibid., p. 239.
205. Marc Lienhard, « La Réforme à Strasbourg », in : G. Livet, F. Rapp, *Histoire de Strasbourg des origines à nos jours*, Strasbourg, 1981, p. 488.
206. Bernard Vogler, *Histoire des Chrétiens d'Alsace* (note 198), p. 149.
207. *Problèmes alsaciens vus par un géographe*, Strasbourg 1968, p. 147-148.
208. *Caractéristiques démographiques selon la religion à Bischwiller*, thèse 3ᵉ cycle en sociologie, 1973, dact.
209. Michel Hau, Nicolas Stoskopf, *Les dynasties alsaciennes*, Paris, 2005.
210. Ibid., p. 55.
211. *Revue des sciences sociales de la France de l'Est* 4 (1975), p. 134.
212. Ibid., p. 133
213. Bernard Vogler, *Histoire des Chrétiens d'Alsace* (note 198), p. 362.
214. Voir Alfred Wahl, in : *Églises et État en Alsace et en Moselle*, Strasbourg, 1979 ; Marc Lienhard (note 201), p. 44-46.
215. Bernard Schwengler, *Le vote Front national. L'Alsace, un cas particulier ?* , Strasbourg, 2003.
216. Vogler, *Histoire des Chrétiens d'Alsace* (note 198), p. 332-334 ; du même (avec Hermann Lersch), *L'Alsace*, Rennes, 2000 ; Gustave Koch, « Le témoignage du visible chez les protestants d'Alsace », in : Marc Lienhard et Gustave Koch, *Les Protestants d'Alsace : du vécu au visible*, Strasbourg – Wettolsheim, 1985, p. 65-174 ; Antoine Pfeiffer (dir.), *Protestants d'Alsace et de Moselle. Lieux de mémoire et de vie*, Strasbourg – Wettolsheim, 2005.
217. Joseph Doré (dir.), *La grâce d'une cathédrale*, Strasbourg, 2007.
218. Marc Lienhard, *La Foi vécue. Études d'histoire de la spiritualité*, Strasbourg, 1997, p. 151-203.
219. Christian Baechler, « Le clergé catholique alsacien et la politique 1871-1931 », *Revue d'Alsace* 111 (1985), p. 125-148.
220. *Religion et identité régionale alsacienne*, article à paraître.
221. Voir Pierre Klein, *Camille Dahlet, une vie au service de l'Alsace*, Strasbourg, 1983 ; *NDBA* 7 (1986), p. 568-570.
222. Marc Lienhard, *Les Protestants d'Alsace* (note 216), p. 54.
223. *DNA* du 21 août 2010.
224. Voir le texte en annexe.
225. La première édition tirée à 7 000 exemplaires du livre sur la cathédrale de Strasbourg : Mgr Doré (dir*),* (note 217) a été épuisée en quelques semaines.
226. Coll. *Dictionnaire des monuments historiques d'Alsace*, Strasbourg, 1995.
227. Bernard Vogler et Hermann Lersch, *L'Alsace*, Rennes, 2000, p.61-69 ; Antoine Pfeiffer (dir.), *Protestants d'Alsace et de Moselle, lieux de mémoire et de vie*, Strasbourg, 2006.

228. Joseph Leffts, *Das Volkslied im Elsass,* Colmar-Paris-Freiburg, t. 2, p. 285. L'existence de ce chant est attestée depuis 1823.
229. *Nouvelle Histoire de l'Alsace*, Toulouse, 2003, p. 190.
230. *EA* 11 (1985), p. 6675-6680, et chapitre II de notre ouvrage.
231. Voir les chapitres I et IV.
232. «En Alsace, trois groupes culturels», Revue *Élan*, éd. spéciale, Strasbourg, 1975.
233. Voir chap. I.
234. Voir les ouvrages indiqués au chap. I, note 16, et *EA* 7 (1984), p. 4358-4385 : «Juifs d'Alsace» (article de Freddy Raphaël et de Robert Weyl), et *EA* 5 (1983), p. 2690-2692 : «Émeutes antisémites» (article de Jean-Claude Richez).
235. *Juifs d'Alsace et Alsaciens. Heurs et malheurs d'une cohabitation aux XVII*e *et XVIII*e *siècles*, Strasbourg, 2009.
236. *EA* 7 (voir note 234), p. 4370.
237. André Neher, *L'Existence Juive*, Paris, 1962, p. 240.
238. Alfred Wahl, *Confession et comportements dans les campagnes d'Alsace et de Bade (1871-1939*), s.l. 1980, p. 839ss.
239. Ibid. et *EA* 7, p. 4375-4378.
240. « Stéréotype du juif dans un village d'Alsace en 1976», in: Freddy Raphaël et Robert Weyl, *Regards nouveaux sur les juifs d'Alsace*, Strasbourg, 1980, p. 287-297.
241. Selma Stern, *L'Avocat des Juifs. Les tribulations de Yossel de Rosheim dans l'Europe de Charles Quint*, Strasbourg, 2008 (trad. de l'allemand par F. Raphaël et M. Ebstein).
242. *Les anathèmes du XVI*e *siècle sont-ils encore actuels?* s.l.d. de Karl Lehmann et Wolfhart Pannenberg, Paris, 1989.
243. Alfred Wahl, (note 238) ; Marc Lienhard, in: René Epp, Marc Lienhard, Freddy Raphaël, *Catholiques, Protestants, Juifs en Alsace*, Colmar, 1992, p. 134-135, 143-144; Otto Michaelis, *Grenzlandkirche. Eine evangelische Kirchengeschichte Elsaß-Lothringens 1870-1918*, Essen, 1934, p. 38-50.
244. Wahl, (note 238) p. 720.
245. Wahl, (ibid.) p. 780.
246. Ibid.
247. *EA* 9 (184), p. 5431-5439, article «Musulmans»; Michel Reeber, «La communauté musulmane en Alsace», *Historiens-géographes* n° 347 (février 1995), p. 289-295.
248. Marc Lienhard, «Die Verwerfung der Irrlehre und das Verhältnis zwischen lutherischen und reformierten Kirchen», in: *Gemeinschaft der reformatorischen Kirchen. Auf dem Weg* II, Zurich, 1979, p. 69-152; du même, «Controverses et dialogues entre luthériens et réformés», *Histoire du Christianisme* VII: *Le temps des confessions*, s.l.d. de Marc Venard, Paris, 1992, p. 282-299.
249. Marc Lienhard, in: *Catholiques, Protestants, Juifs en Alsace* (voir note 202), p. 128-129; du même, *Frédéric Horning (1809-1882). Au cœur du Réveil luthérien dans l'Alsace du XIX*e *siècle*, Neuwiller-les-Saverne, 2009.
250. *EA* 7 (voir note 234), p. 4372.
251. *L'Alsace. Destin et volonté*, Paris, 1963, p. 39.
252. Marc Lienhard, «Méandres de la mémoire: Les Alsaciens sympathisants et collaborateurs du régime nazi», in: Jean-Pierre Rioux (dir.), *Nos embarras de mémoire. La France en souffrance*, Panazol, 2008, p. 119-130.
253. Bernard Vogler, *Nouvelle Histoire de l'Alsace* (voir note 229), p. 262, note 1.
254. «Trente-cinq ans d'échanges d'arbitres entre les ligues d'Alsace et de Bade du Sud. Ambassadeurs du sifflet», *DNA* du 22 décembre 2009.
255. *Le Monde* du 28 février 1998, p. 2, «De la difficulté d'inventer une identité transfrontalière. La coopération entre les Alsaciens et leurs voisins rhénans, allemands ou suisses, est ancienne. Mais les discours sont en avance sur la réalité. Les relations sont ambiguës et parfois teintées d'arrière-pensées, y compris lorsqu'il s'agit d'évoquer l'Europe des régions».
256. Rudolf Michna, «Le Rhin Supérieur: une région européenne intégrée? Actualité des échanges frontaliers entre l'Alsace et le Pays de Bade», in: *Historiens – Géographes* n° 347 (février 1995), p. 445-456; Patrice Harster, «Pamina. Un nouvel espace transfrontalier», ibid., p. 431-439.
257. *DNA* du 4 septembre 2010 et du 1er octobre 2010.
258. Gérard Cronenberger, «Le monolinguisme décadent est bel et bien installé», *DNA* du 11 juillet 2008; du même, *Land un Sproch* n° 171 (juin-juillet-août 2009), p. 6-7.

259. Rudolf Michna (note 256), p. 450
260. Ibid.
261. Jean-Marie Mayeur, «Pie XII et l'Europe», *Relations Internationales* 28 (hiver 1981), p. 413-425; Christine de Montclos-Alix, «Le Saint-Siège et l'Europe», in: Joël Benoît d'Onorio, *Le Saint-Siège dans les relations internationales*, Paris, 1989, p. 137-161; René Lun*EA*u (dir.), *Le Rêve de Compostelle. Vers la restauration d'une Europe chrétienne?* Paris, 1989; Philippe Chenaux, *Une Europe vaticane? Entre le Plan Marshall et les Traités de Rome*, Bruxelles, 1990.
262. Roger Trunck, «Eine gute Zeit für neue Lieder», *Almanach Évangélique Luthérien* 2006, p. 76-80.
263. Yves Bizeul, «Le rassemblement œcuménique «Paix et Justice», étape européenne du processus conciliaire «Justice, Paix et Sauvegarde de la Création» », in: Gilbert Vincent et Jean-Paul Willaime, *Religions et transformation de l'Europe,* Strasbourg, 1993, p. 209-280.
264. Bernard Sturny, «La coopération transfrontalière entre les Églises protestantes», *Revue d'Allemagne et des Pays de langue allemande*, t. 33, 2-3 (2001), p. 260-273.
265. Documentation imprimée en 2000: *Avec le Christ, franchir les frontières. Mit Christus Grenzen überschreiten*, s.l., 33 p.
266. Titre complet: *Charta Oecumenica. Lignes directrices en vue d'une collaboration croissante entre les Églises en Europe.*
267. Pascal Hickel, «Les Églises au jardin des deux rives», *Almanach Évangélique Luthérien* 2005, p. 106-109.
268. Marc Lienhard, *Creuser le sillon. Un théologien alsacien en son temps*, Strasbourg, 2007, p. 119-124.
269. Marc Lienhard, «Le Centre d'Etudes Œcuméniques de Strasbourg a quarante ans. Regards sur son histoire (1965-2005) et sur sa vocation», *Positions Luthériennes* 53 (2005), p. 399-413.
270. Marc Lienhard, *Identité confessionnelle et quête de l'unité*, Lyon, 2007.
271. Marc Lienhard et Pierre Widmer, «Les entretiens luthéro-mennonites (1981-1984)», *Cahiers du Christ seul* , n° 16 (juillet 1984).
272. Version française parue à Paris et à Genève en 1989: *La doctrine de la Justification. Déclaration commune.*
273. *Les Directives sur l'hospitalité eucharistique pour les foyers mixtes, L'Église en Alsace,* décembre 1972, p.11-22; *Réflexions complémentaires*, ibid. 1973/2, p.3-8, et: *Documentation Catholique* n°1626 (1973), 166-169.
274. Pour une vue d'ensemble sur les textes jusqu'en 1980, voir: Marie-Thérèse Hoch et Bernard Dupuy, *Les Églises devant le Judaïsme*, Paris, 1980; Fadiey Lovsky, «Si la grâce de Dieu nous touche», *Positions Luthériennes* 50 (2002), p. 181-195. Quelques textes importants: « Synodalbeschluss zur Erneuerung des Verhältnisses von Christen und Juden. Thesen zur Erneuerung des Verhältnisses von Christen und Juden (Rheinland)», 1980, *Handreichung* n° 39, trad. franç.: *Études théologiques et religieuses* 165 (1982), p. 209-215; « Réflexion luthérienne sur la relation entre les Juifs et les chrétiens», *Istina* 1985/1, p. 96-112 ; *Positions Luthériennes* 32 (1984), p. 217-230; « Déclaration concernant la rencontre entre Luthériens et Juifs» (Driebergen, 1990), *Foi et Vie* 1991/6, p. 89-95 ; « Chrétiens et Juifs». Déclaration de l'Église évangélique luthérienne de Bavière (1998), *Positions Luthériennes* 50 (2002), p. 189-196; « Directives pour les relations entre Juifs et Luthériens» par l'Église luthérienne évangélique d'Amérique (1998), ibid., p. 197-203; Communion ecclésiale de Leuenberg: « Église et Israël. Contribution des Églises issues de la Réforme en Europe sur les relations entre les chrétiens et les Juifs», *Foi et Vie* 2002/1, p. 9-68.
275. Pour Mgr Elchinger voir: *Documentation catholique* n° 1435 (1.11.1964), col. 1385; Bernard Xibaut, *Monseigneur Léon Arthur Elchinger*, Paris, 2009, p. 251-253.
276. Ernest Mathis, «Apprendre le Coran dans une Église protestante», *Almanach Évangélique Luthérien* 1998, p. 108-115. Pour d'autres initiatives, voir: *Actualité de l'Islam*, Journée de formation, 13 juin 2000; *News d'Ill*, Magazine d'information régionale n° 61 (janvier 2002).
277. *EA*, t. 9 (1984), p. 5438-5439 (article de Michel Reeber).
278. Ibid., p. 5438.
279. Ibid.
280. Michel Reeber, in: *Historiens – Géographes* n° 347 (février 1995), p. 294.

NOTES

281. Cité par Michel Reeber, ibid.
282. *Actualité de l'Islam* (note 276), p. 26.
283. Étienne Rebert, *DNA* du 14 février 2010.
284. *Histoire/Geschichte. L'Europe et le monde depuis 1945*, Nathan-Klett, Paris, 2006; *Histoire/Geschichte. L'Europe et le monde du congrès de Vienne à 1945*, même éditeur, Paris, 2008. Un troisième volume devait paraître en 2010.
285. Voir les réflexions et les propositions de Pierre Klein dans son ouvrage *Langues d'Alsace, et pourquoi les Alsaciens renoncent-ils à leur bilinguisme?* Haguenau, 2007.
286. Charles Stauffer, *L'Alsacien et son dialecte*, Strasbourg, 1979; voir encore les « Flâneries lexicales» hebdomadaires sur le dialecte de Danielle Crevenat, dans *L'Ami Hebdo*.
287. Pour un état des lieux en 1985, voir Adrien Finck et Marthe Philipp, *L'allemand en Alsace. Die deutsche Sprache im Elsass*, Actes du colloque de Strasbourg des 28-30 novembre 1985, Strasbourg, 1988.
288. Eugène Philipps, *Le défi alsacien*, Strasbourg, 1982, p. 188.
289. Raymond Matzen et Léon Daul, *Wie geht's? Le dialecte à la portée de tous*, Strasbourg, 1999, dernière édition 2010; Léon Daul et Bénédicte Keck, *L'alsacien pour les nuls*, édition First, 2010; mentionnons aussi les onze lexiques franco-alsaciens édités par l'Office pour la langue et la culture en Alsace.
290. Philipps (note 288), p. 225.
291. «Introduction à la sociologie religieuse. Résultats de quelques enquêtes en Alsace», *Annuaire de l'Amicale des anciens élèves du collège de Zillisheim*, 1956, p. 33.
292. *Religion et identité régionale alsacienne*, article à paraître, p. 5.

Table

TABLE

L'*identité alsacienne* à La Nuée Bleue

Vingt ans de publications, de débats, d'engagements

Cathy BERNECKER et Christian HAHN, *Mademoiselle Mamsell*, 2011
Georges BISCHOFF, *Histoire d'Alsace* (illustrations de Jacques Martin), 2001; *La guerre des paysans*, 2010
Benoît BRUANT, *Hansi - Un artiste tendre et rebelle*, 2008
Pierre DEYON, *Rencontres en Alsace*, 1994
Michel DEUTSCH, *Alsace terre étrangère*, 2003
Mgr Joseph DORÉ (dir.), *Strasbourg, la grâce d'une cathédrale*, 2007
Huguette DREIKAUS, *Le Monde d'Huguette*, 1997; *La Passion selon Huguette*, 1999
René-Nicolas EHNI, *Vert-de-gris*, 1993; *Venez enfants de la patrie*, 1998; *Chantefable*, 2006
Mgr Léon-Arthur ELCHINGER, *L'âme de l'Alsace et son avenir*, 1992
Louis ENGEL, *À la table de l'Ami Fritz* (avec une préface Gérard Oberlé), 2007
Jean-Louis ENGLISH, *Une certaine idée de l'Alsace*, 2003
Martin GRAFF, *Nous sommes tous des Alsakons*, 1995; *Le réveil du Danube*, 1998
Marc GRODWOHL, *Les Alsaciens* (avec des photos de Frantisek Zvardon), 2009
Jacques-Henry GROS, *Au fil du siècle*, 2004
Robert GROSSMANN, *Comtesse de Pourtalès*, 1995; *Le choix de Malraux*, 1997; *Main basse sur ma langue*, 1999
Claude GUIZARD et Jean SPETH, *Le Dialectionnaire*, 1991 (Éditions du Rhin) 2003 (rééd. La Nuée Bleue)
René GUTMAN, *Memorbuch des Juifs du Bas-Rhin*, 2005
Daniel HOEFFEL, *En trois points et quelques autres* (entretiens avec Michel Stourm), 1998
Michel HOEFFEL, *Pasteur de tout cœur*, 2009
Alain HOWILLER, *Mémoires de Midi*, 1993; *Alsace 2001*, 1998; *Entre le coq et l'aigle*, 2000; *L'Europe au cœur*, 2004
Edmond JUNG, *L'Alsadico* (avec une préface de Pierre Kretz), 2006
Pierre KARLI, *Devenir un homme*, 2009
Claude KEIFLIN, *L'Eté 36 en Alsace*, 1996
Richard KLEINSCHMAGER, *Géopolitique de Strasbourg*, 1995; *Bonheurs d'enfance*, 2008
Pierre KRETZ, *La langue perdue des Alsaciens*, 1994; *Quand j'étais petit, j'étais catholique*, 2005; *Le gardien des âmes*, 2009
Michel LOETSCHER et Yannick SCHEIBLING, *Hansi - Une vie pour l'Alsace*, 2006
Raymond MATZEN et Léon DAUL, *Wie geht's?* 1999
Frère MÉDARD, *Mémoires - L'Alsace fidèle à elle-même?* 1990
Simone MORGENTHALER, *Au jardin de la mère*, 2001; *Les saisons de mon enfance*, 2010
Damien PARMENTIER, *Vosges*, 2007
Pierre PFLIMLIN, *Itinéraire d'un Européen* (entretiens avec Jean-Louis English et Daniel Riot), 1989
Philippe RICHERT, *Passion d'Alsace*, 2009
Eugène RIEDWEG, *Les Malgré Nous*, 1995 (Éditions du Rhin) 2008 (rééd. La Nuée Bleue)
Marcel RUDLOFF, *Souvenirs pour demain* (entretiens avec Alain Howiller), 1996
Jean-Louis SCHLIENGER, *Le mangeur alsacien*, 1990, rééd. 1999; *Aux knacks citoyens!*, 2002 ; *Le buveur alsacien*, 2004; *Dis papi, raconte-moi l'Alsace*, 2008; *Dis papi, raconte-moi les Alsaciens*, 2011

Roger SIFFER, *Quand la choucroute... rit!* (avec l'équipe de La Choucrouterie), 2003
Régis J. SPIEGEL, *Strasbourg romantique*, 2009
Robert STEEGMANN, *Struthof*, 2005
Gérard TRABAND, *Effacer la frontière?* 2008
Guy TRENDEL, *Racontez-moi Strasbourg*, 2006; *L'Alsace au Moyen Âge*, 2010
Laurence TURETTI, *Quand la France pleurait l'Alsace-Lorraine*, 2007
Tomi UNGERER, *À la guerre comme à la guerre*, 1991; *Mon Alsace* (avec un texte de Paul Boeglin), 1997; *De père en fils*, 2000; *Propaganda*, 2007
Michel Paul URBAN, *Encyclopédie des lieux d'Alsace*, 2003/rééd. 2010
Bernard VOGLER, *Histoire culturelle de l'Alsace*, 1994; *Histoire politique de l'Alsace*, 1995; *Histoire économique de l'Alsace*, 1996
Alfred WAHL, *Petites haines ordinaires entre chrétiens d'Alsace*, 2004
Robert WERNER, *Je suis une winstub*, 1996; *Magie de Noël en Alsace* (avec des photos de Bernard Naegelen), 2000; *Strasbourg, l'esprit d'une ville* (avec des aquarelles de Jean-Paul Ehrismann), 2004
Laurence WINTER, *Ciel! mon mari est muté en Alsace...* (avec des dessins de Yann Wehrling), 2000

Ouvrages collectifs

« Où va l'Alsace? Éléments de réflexion pour un grand débat régional », *Saisons d'Alsace* n° 110, 1990
« Histoire et historiens », *Saisons d'Alsace* n° 111, 1990
« Alsace imaginaire – Symboles, fantasmes et rêves », *Saisons d'Alsace* n° 119, 1993
« Crise – Situations alsaciennes », *Saisons d'Alsace* n° 123, 1994
« Paysages en mouvement », *Saisons d'Alsace* n° 125, 1994
« Plaisirs de table », *Saisons d'Alsace* n° 126, 1994
« Alsace/Allemagne. Amour, Hassliebe, Haine », *Saisons d'Alsace* n° 128, 1995
« Réinventer l'Alsace – Face aux dérives extrémistes et au repli identitaire », *Saisons d'Alsace* n° 129, 1995
« Marges – Villes, quartiers, banlieues », *Saisons d'Alsace* n° 131, 1996
« Quel tourisme pour l'Alsace? – Images d'hier et enjeux de demain », *Saisons d'Alsace* n° 132, 1996
« Le dialecte malgré tout – Une langue à réinventer ensemble », *Saisons d'Alsace* n° 133, 1996
« Catholiques en mouvement », *Saisons d'Alsace* n° 134, 1996
« Jeunesse, rêves et orages », *Saisons d'Alsace* n° 135, 1997
« Où va Mulhouse? – Entre crise et espoirs, une ville se cherche », *Saisons d'Alsace* n° 137, 1997
« Quel pouvoir régional? – Institutions, économie, histoire », *Saisons d'Alsace* n° 139, 1998
« Air pur en danger – Un dossier sur la pollution atmosphérique », *Saisons d'Alsace* n° 140, 1998
« Encyclopédie imaginaire de l'Alsace », *Saisons d'Alsace* n° 141, 1998
L'Appel de Strasbourg – Le réveil des démocrates, sous la dir. de Philippe Breton et Bernard Reumaux, 1997
La Grande Encyclopédie des années de guerre en Alsace, sous la dir. de Alfred Wahl et Bernard Reumaux, 2009
Tambov, ouvrage collectif, 2010
Jean-Noël Grandhomme (dir.), *Boches ou tricolores?* 2008
Freddy Raphaël (dir.), *Regards sur la culture judéo-alsacienne*, 2001; *Le judaïsme alsacien*, 2003
Bernard Vogler (dir.), *La Décapole*, 2009

Achevé d'imprimer par Corlet, Imprimeur, S.A. - 14110 Condé-sur-Noireau
N° d'Imprimeur : 135659 - Dépôt légal : février 2011 - *Imprimé en France*